RABÍ AHARÓN SHLEZINGER

Enigmas y Misterios del Talmud y la Cábala

EDICIONES OBELISCO

Si este libro le ha interesado y desea que le mantengamos informado
de nuestras publicaciones, escríbanos indicándonos qué temas son de su interés
(Astrología, Autoayuda, Ciencias Ocultas, Artes Marciales, Naturismo,
Espiritualidad, Tradición...) y gustosamente le complaceremos.

Puede consultar nuestro catálogo en www.edicionesobelisco.com

Colección Cábala y Judaísmo
ENIGMAS Y MISTERIOS DEL TALMUD Y LA CÁBALA
Rabí Aharón Shlezinger

1.ª edición: marzo 2009

Corrección: *Belén Cabal*
Maquetación: *Mariana Muñoz*
Diseño de cubierta: *Enrique Iborra*

© 2009, Aharón Shlezinger
(Reservados todos los derechos)
© 2009, Ediciones Obelisco, S. L.
(Reservados los derechos para la presente edición)

Edita: Ediciones Obelisco S. L.
Pere IV, 78 (Edif. Pedro IV) 3.ª, planta, 5.ª puerta
08005 Barcelona - España
Tel. 93 309 85 25 - Fax 93 309 85 23
E-mail: info@edicionesobelisco.com

Paracas, 59 C1275AFA Buenos Aires - Argentina
Tel. (541-14) 305 06 33 - Fax: (541-14) 304 78 20

ISBN: 978-84-9777-535-9
Depósito Legal: B-5.372-2009

Printed in Spain

Impreso en España en los talleres gráficos de Romanyà/Valls S.A.
Verdaguer, 1 - 08786 Capellades (Barcelona)

I

LA MÍSTICA ANCESTRAL
Y SUS ENIGMAS

¿Sabías que...
... hace 1.800 años se realizaban intervenciones quirúrgicas?

En el Talmud está escrito:

Rabí Elazar, el hijo de Rabí Shimón dijo: «Entrañas mías, os aseguro que no os comerán los gusanos». Sin embargo, interiormente, no estaba totalmente tranquilo. Por tal razón le dieron a beber un anestésico y lo ingresaron en una sala de mármol. Abrieron su vientre y le extrajeron una gran cantidad de grasa con la que llenaron numerosos recipientes. La colocaron al sol en pleno verano boreal, en los meses de *Tamuz* y Av, y la misma no se deterioró.

(Talmud, tratado de Babá Metzía 83b)

¿Sabías que...
... se recomienda ser dócil como el junco y no rígido como el cedro?

En el Talmud está escrito:

Rabí Elazar el hijo de Rabí Shimón, venía de casa de su maestro, y montado sobre su burro paseaba por la orilla del río. Estaba alegre y colmado de orgullo, pues había estudiado mucho.

Súbitamente, se apareció en el lugar un hombre de aspecto grotesco, —era el profeta Elías disfrazado, e hizo eso para adoctrinar al alumno–. El hombre le dijo: «La paz sea contigo Rabí». Pero el estudioso no le respondió el saludo, sino que le dijo: «Caramba, qué horrendo es ese hombre», y añadió: «¿Quizá todos los habitantes de tu ciudad son tan horrendos como tú?». El hombre le respondió: «No lo sé. Pero ya que consideras que soy tan horrendo, dirígete al Artista que me hizo y dile: Qué horrendo es ese hombre que has hecho». Cuando el hombre le dijo esto, el estudioso se dio cuenta que había pecado. Descendió del burro, y se postró ante él, le dijo: «Te he afligido, perdóname». El hombre le respondió: «No te perdono hasta que te dirijas al Artista que me hizo y le digas: Qué horrendo es ese hombre que has hecho».

El estudioso lo siguió hasta que llegó a la ciudad. En ese momento, los habitantes salieron a recibir al letrado y le decían: «La paz sea contigo Rabí. Rabí, maestro». El hombre les dijo: «¿A quién llamáis maestro?». Le dijeron: «A ese que marcha detrás de ti». Les dijo: «Si ese es Rabí, que no se incrementen individuos como él en Israel». Le dijeron: «¿Por qué?». Y el hombre les contó lo que le había hecho. Le dijeron: «Aunque así sea, perdónalo, porque es un individuo que sabe mucha Torá». El hombre dijo: «Lo perdono por vosotros, pero que no se acostumbre a actuar de ese modo». Inmediatamente Rabí Elazar el hijo de Rabí Shimón ingresó a la academia y disertó en público: «Siempre hay que ser dócil como el junco y no rígido como el cedro».

(Talmud, tratado de Taanit 20.ª, Tosafot)

¿Sabías que...
... en la antigüedad no existía la vejez?

La vejez surgió en el mundo como consecuencia de una petición del patriarca Abraham. Pues desde el momento en que El Santo, Bendito Sea, creó el mundo hasta la época del patriarca Abraham, durante esas veinte generaciones, no existía la vejez. Como consecuencia de ello, cuando el hijo crecía junto a su padre, los individuos no reconocían quién de ellos había nacido primero. Lo mismo sucedía con un maestro y su alumno, no sabían a quién rendir honores. Pero Abraham, viendo lo que sucedía, dijo: «Amo del Universo, si te parece bien, haz que se pueda distinguir entre el pequeño y el grande, entre el maestro y el alumno».

El Santo, Bendito Sea, dijo: «Es propicio otorgar este fenómeno a través de este hombre justo». Y así aconteció. Como está escrito:

Abraham era anciano, bien entrado en años, y El Eterno lo había bendecido en todo. (Génesis 24:1)

(Reshit Jojmá Jupat Eliahu Raba)

¿Sabías que...
... en la antigüedad no existían las enfermedades?

Las enfermedades surgieron en el mundo como consecuencia de una petición del patriarca Jacob. Pues desde el momento en que El Santo, Bendito Sea, creó el mundo hasta la época del patriarca Jacob, la persona marchaba por el camino y moría repentinamente. Pero Jacob, viendo lo que sucedía, dijo: «Amo del Universo, si te parece bien, que la persona enferme, caiga en cama, y ordene a sus hijos e hijas, así como a los demás integrantes de su familia».

El Santo, Bendito Sea, dijo: «Es propicio otorgar este fenómeno a través de este hombre justo». Y así aconteció. Como está escrito:

Y sucedió tras estas palabras que se le dijo a José: «He aquí que tu padre está enfermo». (Génesis 48:1)

Y después de mencionarse lo relacionado con la existencia de las enfermedades está escrito:

Jacob terminó de ordenar a sus hijos, colocó sus pies en la cama; expiró y fue reunido con su pueblo. (Génesis 49:33)

(Reshit Jojmá Jupat Eliahu Raba)

¿Sabías que...
... en la antigüedad no existía caer enfermo y luego curarse?

Desde el momento en que El Santo, Bendito Sea, creó el mundo, la persona que enfermaba no podía curarse. Esto fue así hasta la época del rey Ezequías, rey de Judá. Él, advirtiendo lo que sucedía, pensó que el individuo debía tener una oportunidad de rectificarse y enmendar su camino, por eso dijo: «Amo del Universo, sea tu voluntad que la persona sane de su enfermedad, baje de la cama en la que permaneció postrado, y alabe y agradezca ante Ti todos los días de su vida».

El Santo, Bendito Sea, dijo: «Es propicio otorgar este fenómeno a través de este hombre justo». Y así aconteció. Como está escrito:

Escritura de Exequias, rey de Judá, de cuando enfermó y sanó de su enfermedad. (Isaías 38:9)

(Reshit Jojmá Jupat Eliahu Raba)

¿Sabías que...
... hay demonios que se asemejan a los humanos?

En el Talmud se enseña, que existe un tipo de demonios, denominados *Shedim,* que son un intermedio entre los humanos y los ángeles. Estos seres moran fundamentalmente en los sitios deshabitados.

Los eruditos definieron las similitudes de estos seres con los
ángeles celestiales y con los humanos:

Éstas son las similitudes que poseen con los ángeles:
- Tienen alas como los ángeles celestiales.
- Vuelan de un extremo del mundo al otro como los ángeles
  celestiales.
- Saben lo que sucederá en el futuro como los ángeles celestiales. Pues escuchan lo que acontece detrás de la cortina
  denominada *pargod,* que separa la parte secreta en los
  Cielos, y así se enteran de las cosas que sucederán en el
  futuro.

En estas tres cosas se asemejan a los seres humanos:
- Comen y beben como los humanos.
- Se reproducen como los humanos.
- Fallecen como los humanos.

(Talmud, tratado de Jaguigá 16a)

¿Sabías que...
... los seres humanos poseen unas semejanzas con los ángeles
y otras con los animales?

Éstas son las semejanzas de los humanos con los ángeles:
- Poseen inteligencia como los ángeles.
- Marchan erguidos como los ángeles.
- Hablan la Lengua Santa como los ángeles (es decir, poseen
  la facultad de hablar –*Marsha*–).

Éstas son las semejanzas de los humanos con los animales:
- Comen y beben como los animales.
- Se reproducen y multiplican como los animales.
- Eliminan los residuos digestivos igual que los animales.

(Talmud, tratado de Jaguigá 16a)

Dios advirtió la necesidad de crear a las personas con bondad y maldad, es decir, con inclinación por el bien e inclinación por el mal. Esto fue así para que tengan la oportunidad de recibir recompensa por sus actos buenos, los cuales deben realizar venciendo al mal. De este modo se adjudicarían este otorgamiento con justicia. Pero si el individuo fuere creado sin inclinación al mal, sería un ángel (que hace la voluntad de Dios sin poseer inclinación al mal, por eso no es posible que reciba recompensa con justicia a cambio de lo que hace).

(Reshit Jojmá Shaar Teshuvá 1:1)

¿Sabías que...
... la madre del erudito talmúdico Rabí Iehuda ben Beterá
fue hechizada?

En el Talmud se narra:

Rabí Leizer, Rabí Ieoshúa y Rabán Gamliel fueron a Romi –que era el gran imperio dominante en aquella época–. En un tramo del viaje, llegaron a un sitio en el que encontraron a niños que hacían montículos de barro y decían: «Así hacen en la tierra de Israel, separan esta fruta para la ofrenda denominada *Terumá*, y esta para otorgar en calidad de Diezmo». Los sabios se dieron cuenta de que viven allí judíos, e ingresaron a la ciudad. Allí fueron recibidos por un hombre que los llevó a su casa.

Los sabios entraron, y fueron invitados a sentarse a la mesa para almorzar. Todo parecía estar en orden, pues la comida era *kosher*, pero hubo un hecho que les llamó poderosamente la atención. Advirtieron que cada alimento que traían para servirles, se introducía previamente en un pequeño cuarto. Después de eso, traían el alimento y lo servían.

Los sabios temieron que hubiera en este extraño acto alguna cuestión de idolatría, o brujería, que se les hubiese impregnado del lugar donde viven. Por eso, preguntaron al anfitrión qué significaba eso que hacían antes de servir la comida, y por qué procedían de esa manera.

El dueño de casa les respondió, que era en honor a su anciano padre, quien estaba siempre allí. La razón se debía a un voto que había practicado, mediante el cual se comprometía a no salir de ese cuarto hasta que vinieran los sabios de Israel. Pues cuando eso aconteciera, le sería posible exponer su asunto ante ellos.

Los visitantes le comunicaron: «Ve y dile que salga del cuarto y venga, pues los sabios de Israel ya están aquí».

El hombre se hizo presente, y los eruditos le preguntaron: «¿Por qué te hallas encerrado?». El anciano les contó: «Sufro por mi hijo, porque no posee hijos. Oren por él». Rabí Leizer le dijo a Rabí Ieoshúa: «¿Qué harás?». Le respondió: «Traed semillas de lino».

La solicitud del Rabí se cumplió y le trajeron lo pedido. El erudito tomó las semillas y las esparció sobre la mesa.

Aconteció un hecho, en el cual parecía que las semillas se sembraban, germinaban y crecían, maduraban y se cosechaban. Luego apareció una mujer trenzándose el cabello. Ella era la bruja que había realizado el hechizo para que la pareja no tuviera hijos.

Rabí Ieoshúa le advirtió: «Anula lo que has hecho». Pero la mujer respondió: «No voy a anular la brujería». El sabio le dijo: «Si no lo haces, te delataré y difundiré públicamente lo que haces, revelaré tu nombre, y también quién eres». La mujer comunicó: «No puedo anularlo porque ya arrojé los elementos de ese hechizo al mar».

Rabí Ieoshúa decretó sobre el ángel del mar que expeliera los elementos. Así aconteció y los sabios oraron por el hombre.

Después de esto la mujer concibió y dio a luz un hijo. El varón que les nació, cuando creció, se convirtió en alguien importante, el renombrado sabio talmúdico Rabí Iehuda ben Beterá.

Los sabios, tras contemplar lo sucedido, sentenciaron: «Si hubiésemos venido aquí sólo para que este justo naciera, sería suficiente».

(Talmud de Jerusalén Sanhedrín 7:13)

Respecto a la biografía de Rabí Iehuda ben Beterá se sabe que era un sabio talmúdico que vivió en la época de la Mishná. Se destacó en el estudio de las exégesis legales. Rabí Eliezer lo elogió diciéndole: «Eres un gran erudito, pues has puesto en práctica la palabra de los sabios» (*véase* Mishná Negaim 3:9). Fue compañero de estudios del célebre Rabí Akiva. Cuando se agudizaron las persecuciones en contra de los que practicaban, estudiaban y enseñaban la Torá en la tierra de Israel, emigró a Babilonia. Allí, en Netzivín, montó una academia de estudios. La misma alcanzó gran renombre, al igual que el Tribunal que él mismo dispuso en ese sitio (*véase* Sanhedrín 32b).

¿Sabías que...
... una vaca lo inspiró a convertirse al judaísmo?

Rabí Iojanán ben Torta se había convertido al judaísmo, y el calificativo *ben Torta* lo obtuvo por un suceso que aconteció y le provocó decidir realizar la conversión. La historia es ésta:

Un hombre, integrante del pueblo de Israel, poseía una vaca que araba. Ocurrió que en determinada ocasión el individuo se encontraba presionado por las circunstancias, y vendió al animal a un gentil. El comprador aró con la vaca durante los seis días hábiles de la semana. Mas cuando llegó el día séptimo, *Shabat*, sacó al animal al campo para trabajar, y éste se echó en el suelo y permaneció en esa posición con el yugo a cuestas. El hombre castigó a la vaca, pero no consiguió que se moviera del lugar. Al ver esto, se dirigió a la morada del

12

individuo que se la había vendido. Le dijo: «Ven y llévate a tu vaca. Pues tal vez sufre, ya que la golpeo insistentemente y no se mueve del lugar». El individuo comprendió que esto ocurría por ser *Shabat*, ya que estaba acostumbrada a descansar en ese día. Por lo tanto le dijo: «¡Vamos que yo la levantaré!».

Al llegar, le susurró al oído: «Vaca, vaca: tú sabes que cuando estabas bajo mi dominio trabajabas durante los seis días hábiles de la semana y en *Shabat* descansabas, pero ahora, dado que mis pecados provocaron esto, y estás bajo el dominio de un gentil, levántate y ara». De inmediato el animal se incorporó y aró. El gentil le dijo: «No te abandonaré hasta que me reveles qué es lo que le dijiste en el oído. Pues yo me cansé de castigarla y no logré que se pusiera de pie». El individuo procuró consolarlo y le dijo: «No le hice ninguna brujería, sólo esto y esto le dije al oído, entonces se puso de pie y aró».

El gentil se llenó de temor y dijo: «¡¿Qué significa esto?! ¿Una vaca que no posee facultad de habla, ni tampoco discernimiento, igualmente conoce a su Creador? ¿Y yo, que me hizo a Su semejanza y me otorgó la capacidad de discernir, acaso no reconoceré a mi Creador?». Inmediatamente marchó a convertirse al judaísmo. Posteriormente estudió y se convirtió en un notable erudito. Fue llamado Iojanán ben Torta, es decir Iojanán el hijo de la vaca. Y hasta el día de hoy los sabios citan sus enseñanzas legales —halájicas— en su nombre.

(*Véase* Pesikta Rabatí 56b–57a)

¿Sabías que...
... Moshé, el hombre que trajo la Biblia al mundo, comenzó a estudiar a los 80 años?

La Biblia narra que Moshé mató a un egipcio saliendo en defensa de un hebreo que estaba siendo atacado por el primero. Seguidamente, el versículo revela:

El Faraón escuchó lo sucedido e intentó matar a Moshé. Moshé huyó del Faraón y se asentó en la tierra de Midián. (Éxodo 2:15)

Más adelante está escrito:

Moshé estaba pastando las ovejas de Itró, su suegro (...) El Eterno dijo: «Ciertamente he visto la aflicción de Mi pueblo que está en Egipto (...) y ahora ve y te enviaré con el Faraón, y sacarás a Mi pueblo, los Hijos de Israel, de Egipto». (Éxodo 3:1–9)

También está escrito:

Moshé tenía ochenta años y Aarón tenía ochenta y tres años cuando hablaron con el Faraón. (Éxodo 7:7)

Ahora bien, ¿Qué sucedió en todos estos años que Moshé estuvo ausente? ¿Acaso es posible suponer que fue a una academia a estudiar?

En el Midrash se narra lo acontecido con Moshé desde después de la huida de Egipto hasta su regreso:

En aquellos días, Kikanos, el rey de Kush, salió con todas sus huestes para enfrentar a los pueblos de oriente y Aram, que se le habían sublevado. Dejó a Bilam y sus dos hijos, como encargados de cuidar la ciudad y el portón de ingreso a la misma. Mas Bilam aprovechó la oportunidad y tomó el control de la ciudad, a la cual fortificó y cerró por completo.

Cuando el rey regresó con su ejército, no pudo entrar, por lo que decidió sitiar el lugar. En ese lapso llegó Moshé, que huía de Egipto, y se unió al campamento de Kikanos. En ese entonces Moshé tenía 18 años. Permaneció junto a Kikanos durante 9 años, que es el tiempo que duró el sitiado.

Después de este lapso Kikanos falleció y los guerreros decidieron nombrar un nuevo rey sobre ellos, y decidieron que fuera Moshé.

Cuando asumió el poder, Moshé tenía 18 años, y su mandato se prolongó durante 40 años. Los kushitas lo amaban mucho y estaban plenamente conformes con él. Sin embargo, al año cuarenta desde su asunción al trono, aconteció que la reina Adoniá lo acusó de no adorar a los dioses de Kush. Ella propuso destituir a Moshé y nombrar un nuevo rey. Así lo hicieron, y designaron a Manjris, el hijo de Kikanos.

Cada uno de los habitantes de Kush le entregó a Moshé numerosos presentes. Posteriormente lo despidieron con gran honor.

Moshé salió de la tierra de Kush a los 77 años de edad. Se dirigió a Midián temiendo regresar a Egipto por causa del Faraón.

Allí conoció a Itró, quien no creyó lo que Moshé le contó y lo consideró un fugitivo. Por tal razón lo puso en prisión durante diez años. Pero la hija de Itró ayudó a Moshé y su padre finalmente se la dio por esposa. Le nacieron dos hijos y después fue convocado por el Eterno para que sacara a los hijos de Israel de Egipto.

(Sefer Haiashar)

Y si bien es posible suponer que Moshé estudió también en el pasado, lo principal lo recibió a los 80 años, cuando Dios se le reveló, como se enseñó:

Moshé recibió la Torá de Dios que se le reveló en el monte Sinaí.

(Mishná, tratado de Avot 1:1)

¿Sabías que...
... en la Torá se describen las reglas del tráfico?

En cualquier ciudad del mundo rigen reglamentos y leyes del tráfico. Las mismas tienen como objetivo controlar el desplazamiento de los vehículos y transeúntes. De este modo se busca evitar accidentes por detenciones bruscas, así como cualquier tipo de maniobras peligrosas. Por tal razón, se enumeran y especifican detalladamente las prioridades de paso a vehículos pesados o ligeros. En la Mishná y el Talmud estas leyes están descritas sabiamente:

Señales –luces intermitentes– tras detenciones:

Dos alfareros, con su carga a cuestas, se desplazan por el camino uno detrás del otro. El primero tropezó y cayó, entonces el segundo tropezó con el primero y cayó también. El primero está obligado a pagar los daños sufridos por el segundo. Pues no se dio prisa en quitarse del camino y tampoco hizo ninguna señal para advertir al que venía detrás.

(Mishná Babá Kama 3:4, Talmud)

Tráfico de cargas pesadas:

Un individuo se desplazaba con su barril y otro lo hacía en sentido opuesto con su viga a cuestas. Se produce una colisión y el barril del primero resulta perforado por la viga del otro. El que llevaba la viga está exento de pagar los daños, pues tanto uno como otro tienen derecho a circular. Esto es así porque el que transportaba la mercadería frágil –el barril– debía haber tomado las precauciones necesarias para evitar accidentes de este tipo.

(Mishná Babá Kama 3:5; mefarshei hamishná)

Aceleración súbita y colisión:

El que llevaba la viga se desplazaba adelante, y el que llevaba el barril detrás. Se produce una colisión y el barril de éste resulta perforado por la viga del otro. El que llevaba la viga está exento de pagar los daños. Esto es así debido a que el que transportaba el barril, debía haber sido precavido y no acelerar descomedidamente.

(Ibíd.)

Balizas por detención en medio de la ruta:
Si el que llevaba la viga se detuvo, debe pagar los daños causados. Esto es así porque al detenerse en medio del camino, debía haber hecho una señal a los que venían detrás. Por eso, si dijo al que venía con el barril: «¡Detente!», está exento de pagar los daños.

(Ibíd.)

Colisión por aceleración súbita o distracción al volante:
El que llevaba el barril se desplazaba delante, y el que llevaba la viga detrás. Se produce una colisión y el barril de este resulta perforado por la viga del otro. El que llevaba la viga debe pagar los daños. Esto es así debido a que el que marcha último debe ser precavido y observar lo que sucede delante para evitar accidentes.

(Ibíd.)

Detención inesperada:
Si el que llevaba el barril se detuvo, el que llevaba la viga está exento de pagar los daños.

(Ibíd.)

Respeto a las señales:
Si el que llevaba el barril le dijo al que llevaba la viga: «¡Detente!», y no se detuvo, este último está obligado a pagar los daños.

(Ibíd.)

Transporte de productos inflamables:
Del mismo modo acontece con el caso de un individuo que transitaba con una lámpara, y el otro lo hacía transportando un cargamento de lino. Si se produce una colisión y el lino se prende fuego, debe resolverse de acuerdo con el caso del barril y la viga.

(Ibíd.)

17

¿Sabías que...
... debe ingerirse sal y agua con la comida y la bebida?

En el Talmud está escrito:

Quien comió alimentos sólidos y no ingirió sal o bebió líquido y no ingirió agua, durante el día debe preocuparse por el mal aliento y por la noche de no sufrir asfixia –*askerá*–.

(Talmud, tratado de Berajot 40a)

Ahora bien, en caso de haber consumido alimentos que no tenían sal, y desea ingerir un poco después de la comida, debe tomar ciertas precauciones:

- No debe asir la sal con el dedo pulgar, porque despierta fuerzas espirituales malignas que atentan contra la vida de los hijos.
- Tampoco debe tomar la sal con el dedo meñique, porque despierta fuerzas espirituales malignas que afectan la economía de la persona.
- Tampoco debe hacerlo con el dedo índice, porque despierta fuerzas espirituales malignas que incitan a la violencia.
- Debe hacerlo con el dedo mayor o con el anular.

(Shulján Aruj Oraj Jaim 179:6)

¿Sabías que...
... un día al año traía maderas al Templo de Jerusalén todo aquel que
no sabía a qué tribu pertenecía, así como los hijos de los ladrones de
Eli y los hijos de los que preparaban higos secos?

En la Mishná está escrito:

Había un día, el día quince de Av, en el traían maderas al Templo de Jerusalén los hijos de Zatúh ben Iehuda de la tribu de Iehuda, y con ellos los sacerdotes, levitas y todo aquel que no sabía a qué tribu pertenecía, además de los hijos de los ladrones de Eli y los hijos de los que preparaban higos secos.

En el Talmud se menciona la causa por la cual estos individuos citados eran denominados «los hijos de los ladrones de Eli y los hijos de los que preparaban higos secos»:

Cierta vez el reino emitió un decreto contra Israel en el que prohibían a los Hijos de Israel traer primicias a Jerusalén. Para asegurarse del cumplimiento de la ordenanza, colocaron guardias en los caminos.

Mas los hombres aptos de esa época no se amedrentaron y tomaron canastas con primicias, las cubrieron con higos secos y las llevaron. También colocaron sobre sus hombros una madera con la que se muele en el mortero –*eli*– antes de emprender la marcha. Cuando llegaban a la posición de los guardias, éstos les decían: «¿Adónde van?», y ellos les respondían: «A preparar un par de tortas de higo seco en el mortero que está cerca de aquí y con las maderas que están sobre nuestros hombros». Después de dejar atrás la guardia, decoraban las canastas y las traían a Jerusalén. Por eso fueron llamados «los hijos de los ladrones de Eli y los hijos de los que preparaban higos secos», porque robaban el corazón de los guardias a través de las maderas que portaban sobre sus hombros y con los higos secos con los que camuflaban a las primicias.

(Mishná Taanit 4:5, mefarshei hamishná)

¿Sabías que...
... hacer justicia con los pobres genera bendición y riqueza?

En el código de leyes –*Shuján Aruj*– consta:

Jamás se empobrece por hacer justicia con los necesitados. Además, no sobreviene ningún asunto malo ni un desenlace dañino por causa de esa obra. Como está escrito:

Y el efecto de la justicia será paz. (Isaías 32:17)

(Shulján Aruj Ioré Deá 247:2)

Más adelante consta:

La justicia con los necesitados aparta los malos decretos y enriquece. Además, ha de saberse que está prohibido probar a Dios con ninguna cosa, salvo con esto, como está escrito:

Traed todos los diezmos al depósito y haya sustento en mi casa; y probadme ahora en esto –dice El Eterno de los ejércitos– si no os abriré las ventanas de los cielos, y derramaré sobre vosotros bendición hasta que abarrote. (Malaquías 3:10)

(Shulján Aruj Ioré Deá 247:3, Ramá)

¿Sabías que...
... el verdadero amor es el amor incondicional?

Pues así dijeron los sabios:

Todo amor que depende de un factor determinado, cuando ese factor desaparece, el amor desaparece. Pero aquel amor que no depende de un factor determinado, no desaparece jamás.

(Mishná, tratado de Avot 5:16)

¿Sabías que...
... no todos los seres vivos se acoplan de la misma manera a su pareja?

Todos los animales se acoplan con el rostro de uno en dirección hacia la parte posterior del otro, con excepción de dos especies que se acoplan con la parte posterior de uno en dirección a la parte posterior del otro. Estos son: el camello y el perro.

Existen además tres que se acoplan con el rostro de uno en dirección hacia el rostro del otro. Esto es así porque la Presencia Divina habló con ellos. Estos son: el hombre, la serpiente y el pez.

Como está dicho, al hombre le dijo:

Por haber hecho caso a la voz de tu esposa y haber comido del árbol acerca del cual te ordené, diciendo: «De él no comerás», maldita es la tierra por tu culpa; con dolor comerás de ella todos los días de tu vida. (Génesis 3:7)

A la serpiente, como está dicho:

Y El Eterno Dios le dijo a la serpiente: por haber hecho esto, maldita serás entre todo animal y toda fiera salvaje; sobre tu vientre irás, y polvo comerás todos los días de tu vida" (Génesis 3:14)

Al pez, como está dicho:

Habló El Eterno al pez y expelió a Jonás. (Jonás 2:11)

(Midrash, Bereshit Raba 20:3)

¿Sabías que...
... la expresión «son pan comido» consta en la Biblia?

En el Pentateuco está escrito:

Todos los Hijos de Israel murmuraron en contra de Moshé y Aarón, y toda la asamblea les dijo: «Si tan sólo hubiéramos muerto en la tierra de Egipto, o si tan sólo hubiéramos muerto en el Desierto. ¿Por qué El Eterno nos trae a esta tierra para que muramos por la espada? Nuestras mujeres y nuestros hijos pequeños serán tomados cautivos. ¿No es mejor que regresemos a Egipto?» Y le dijo un hombre a su hermano: «Designemos un líder y regresemos a Egipto».

Moshé y Aarón cayeron sobre sus rostros ante toda la congregación de la asamblea de los Hijos de Israel. Josué, hijo de Nun, y Kalev, hijo de Iefune, de los espías de la Tierra, se rasgaron las vestiduras. Hablaron ante toda la asamblea de los Hijos de Israel, diciendo: «La Tierra por la que pasamos para espiarla, la Tierra es buena, es muy buena. Si El Eterno nos desea, nos traerá a esta Tierra y nos la dará a nosotros, una Tierra en la que fluye la leche y la miel. ¡Pero no os rebeléis contra El Eterno! No debéis temer al pueblo de la Tierra, pues ellos son nuestro pan». (Números 14:2–8)

Esta expresión «son nuestro pan» indica «los comeremos como pan». (Rashi)

Resulta que la frase «son pan comido», utilizada comúnmente para referirse a los adversarios o rivales de turno, posee su origen en la Torá.

¿Sabías que...
... un rollo de la Torá cuando se deteriora se lo coloca en un estuche de arcilla y se lo entierra junto a un justo fallecido?

La razón de colocar el rollo de la Torá en un estuche de arcilla se debe a que de ese modo se conservará por más tiempo. Como está escrito:

Ponlos en una vasija de arcilla, para que se conserven muchos días. (Jeremías 32:14)

(Talmud, tratado de Meguilá 26b; Maimónides, Ahava, leyes de Sefer Torá 10:3)

¿Sabías que...
... el sacerdote debe amar a todos los miembros de Israel para poder recitar la bendición sacerdotal a la congregación?

Por tal razón, antes de pronunciar la bendición sacerdotal, recitan la bendición:

Bendito eres Tú, El Eterno, Dios Nuestro, Rey del Universo, que nos santificó con sus preceptos y nos ordenó bendecir al pueblo de Israel con amor.

(Shulján Aruj Oraj Jaim 128:11, Baer Eitev)

¿Sabías que...
... cuando el padre u otro individuo coloca las manos sobre la cabeza
del niño, apoyando sus diez dedos, éste resulta bendecido?

Esto es así por lo que está escrito:

Mas Israel extendió su mano derecha y la colocó sobre la cabeza de Efraín, y él era el menor, y su mano izquierda sobre la cabeza de Manasés. (Génesis 48:14)

A continuación está escrito:

Los bendijo aquel día, diciendo: «En vosotros se bendecirá Israel, diciendo: "Que Dios te coloque como Efraín y Manasés"». (Génesis 48:20)

Esta bendición mencionada en el versículo, se encuentra aludida en los miembros óseos articulados de la mano. Pues en la misma existen cuatro dedos que poseen falange, falangina y falangeta. Estos son: el dedo índice, mayor, anular y meñique. Resulta que entre estos cuatro dedos hay doce miembros articulados. En tanto el pulgar carece de falangina, poseyendo sólo falange y falangeta. Con estas dos, se llega a la cifra de catorce miembros articulados. Y si le sumamos el metacarpo, resulta que en la mano existen quince miembros óseos visiblemente articulados.

Estos quince miembros óseos articulados corresponden con las quince palabras que integran la bendición sacerdotal. La ordenanza de la misma y su descripción constan en el Pentateuco, como está escrito:

El Eterno habló a Moshé, diciendo: «Háblales a Aarón y a sus hijos, diciendo: "Así bendeciréis a los Hijos de Israel, diciéndoles"». (Números 6:22–23)

A continuación se citan tres versículos poseedores de quince palabras. La traducción es esta:

Que El Eterno te bendiga y te guarde. Que El Eterno ilumine Su rostro para ti y te otorgue Su gracia. Que El Eterno eleve Su rostro hacia ti y establezca para ti la paz. (Ibíd. 6:24–26)

La cita culmina expresando:

Que pongan Mi Nombre sobre los Hijos de Israel y Yo los bendeciré. (Ibíd. 6:27)

Es decir, recaigan sobre tu cabeza las quince palabras de estos tres versículos que constituyen la bendición sacerdotal, e incluyen el mismo valor numérico que los quince miembros articulados de la mano.

Por esta razón también se acostumbra colocar la mano sobre el arca del muerto, o sobre la tumba donde está enterrado. Es para pedir piedad sobre el fallecido. Esto es así, porque el versículo que refiere al asunto está compuesto de quince palabras, la misma cantidad de los miembros articulados de la mano. Como está escrito:

Tus muertos vivirán; los cadáveres se levantarán. ¡Despertad y alabad, moradores del polvo!, porque tu rocío es cual rocío de vegetación, y la tierra despedirá los muertos. (Isaías 26:19)

En el original en hebreo, este versículo posee quince palabras.

(Reshit Jojmá Guidul Banim 8)

¿Sabías que...
... el misterio de la paz comienza en el saludo?

Abaie poseía un lema que reiteraba en forma constante. Siempre la persona debe ser astuta con respecto al temor expresado por Dios. Pues una respuesta serena, aplaca la ira. Y ha de incrementarse el saludo y la paz con sus hermanos, parientes, y con toda persona, incluso un extraño de la feria. Esto debe ser así para ser amado en lo Alto, y apreciado en lo Bajo, siendo aceptado por las personas.

(Talmud, tratado de Berajot 17a)

¿Sabías que...
... el rey atiende con mayor rapidez el pedido de su siervo
que el de su ministro?

Rabí Janina ben Dosa se dirigió a la academia de Rabí Iojanán ben Zakai para estudiar de él Torá. En esos momentos el hijo de Rabí Iojanán ben Zakai enfermó, y éste le pidió a Rabí Janina ben Dosa que rezara por él. Y así lo hizo. Rabí Janina ben Dosa colocó su cabeza entre ambas rodillas y rezó. Tras este acto, el niño sanó.

Rabí Iojanán ben Zakai dijo: «Si ben Zakai pusiera su cabeza entre las rodillas el día entero, no repararían en él». Su mujer le dijo: «¿Acaso Janina es más que tú?». El erudito respondió: «No. Lo que sucede es que él se asemeja al siervo delante del Rey, y yo me asemejo a un ministro delante del Rey».

La razón se debe a que el siervo del rey debe ser presto en su trabajo y actuar diligentemente. Ha de cumplir su función de manera rápida, eficaz y eficiente. Por tal razón, no es apropiado que se preocupe de cumplir con todos los protocolos reales, como pedir permiso en cada oportunidad que debe retirar algo, pues eso entorpecería su labor. Siendo así, lo que solicite al rey, éste se lo concederá inmediatamente, pues desea que su siervo cumpla su función sin demoras y se marche. En cambio el ministro, cada vez que pretende ingresar ante la presencia del rey, requiere de permiso y cumplimiento de los protocolos.

(Talmud, tratado de Berajot 34b, Maarshá,
mefarshei hatalmud)

¿Sabías que...
... una mujer erudita modificó la sabia decisión de su esposo?

En el barrio de Rabí Meir había unos malvados que lo afligían mucho. Rabí Meir decidió pedir a Dios piedad para que murieran. Sin embargo, Bruria, su esposa, le dijo: «¿Qué piensas para actuar así, que el versículo avala tu acción?». Y agregó: «Seguramente consideras aquello que está escrito: "Sean acabados de la tierra los pecadores, y los impíos dejen de existir" (Salmos 104:35)».

Sin embargo, si prestas atención observarás que el termino hebreo que señala a los pecadores no está puntuado de manera que se lea *jotim,* indicando pecadores, sino *jataim,* que indica pecados. Resulta que el Salmo enseña que debe rezarse por los pecados, para que los mismos se acaben y no los pecadores. Ya que si los pecados se acaban, de manera automática se acabarán los pecadores. Además, si observas el final del versículo verás que dice: «Y los impíos dejen de existir». Por lo tanto, si en el inicio se refiere a los pecadores, ¿cómo es posible suponer que muriendo ellos van a dejar de existir todos los impíos en el mundo? Sino, pide piedad por ellos, para que se arrepientan de su mal proceder, y rectifiquen su andar, y a través de ello «los impíos dejen de existir». Rabí Meir pidió piedad por ellos y tras arrepentirse de su mal proceder, retornaron a la senda del bien.

(Talmud, tratado de Berajot 10a)

¿Sabías que...
... en el Talmud se solicita que las personas sepan control mental?

Dijo Rabí Aba bar Zavda en nombre de Rabí Jía:

Un individuo que le falleció un pariente cercano debe cumplir todos los preceptos de la Torá, excepto el de las filacterias. Esto es así porque respecto a las mismas fue dicho que son «esplendor». (Ezequiel 24:17)

Y no debe colocarse lo que manifiesta esplendor, en el lugar del polvo que se coloca en la frente –en caso de duelo–, el cual representa dolor. Respecto a la obligación de cumplir todos los demás preceptos, se debe a que el individuo puede desviar su mente de su propia tragedia personal y concentrarse en el precepto que debe cumplir.

(Talmud, tratado de Berajot 11a)

¿Sabías que...
... todo sacerdote que exoneraba el vientre en el Templo Sagrado
necesitaba purificarse?

En el Templo Sagrado había una regla que indicaba: todo el que exoneraba el vientre, requería inmersión en un baño ritual. El mismo debía ser practicado en una piscina –*mikve*– que contenga un volumen de aguas suficiente para cubrir la totalidad del cuerpo, es decir, cuarenta medidas *seá*. Y todo el que hacía aguas menores, requería la santificación de manos y pies con aguas de la jofaina.

(Mishná, tratado de Iomá 3:2, mefarshei hamishná)

¿Sabías que...
... los sacerdotes enrollaban en sus cabezas un turbante de 8 metros de
largo y se ceñían con una faja de 16 metros de largo?

El turbante de un sacerdote, ya sea el sacerdote principal o un sacerdote común, medía 16 codos, es decir, aproximadamente 8 metros. La faja poseía un ancho cómo de 3 dedos y su longitud era de 32 codos, es decir, aproximadamente 16 metros. Lo enrollaba en su cuerpo dándole varias vueltas. Su elaboración era mediante tejido y en ningún caso mediante cosido. Como está escrito:

Hicieron las túnicas de lino, artesanía de tejedor, para Aarón y sus hijos; y el turbante de lino y el espléndido sombrero de lino, y pantalones de lino, trenzado; la faja de lino entrelazado y lana turquesa, púrpura y carmesí, artesanía de bordador, tal como El Eterno le había mandado a Moshé. (Éxodo 39:27–30)

(Maimónides, leyes de los implementos
del Templo 8:1–19)

Además era muy gordo y poseía una inmensa barba.

(Talmud, tratado de Moed Katán 18)

En el Midrash se narra que en la época en que el pueblo de Israel se encontraba esclavizado en Egipto, gobernaba un Faraón cruel y malvado. Cuando le fue anunciado que los Hijos de Israel no cumplían con la totalidad de la pesada labor que les había sido asignada, se dirigió a la provincia donde estos se encontraban para tomar cartas en el asunto. Hizo esto pese a hallarse muy enfermo. En el trayecto le aconteció una dura caída de su caballo, sufriendo múltiples heridas y la rotura de varios huesos, lo cual agravó su enfermedad. Sus siervos lo cargaron sobre sus hombros, turnándose un tramo cada uno, y lo devolvieron a Egipto. Allí lo acostaron sobre su cama, y el Faraón presintió que su final estaba cercano.

Su esposa Elparanit se presentó y lloró amargamente junto a su marido. En ese día el Faraón fue visitado por los nobles y sus ministros más grandes. Ellos le aconsejaron que nominara a uno de sus hijos para que lo reemplazara en el cargo. El Faraón poseía tres hijos varones y dos mujeres que había dado a luz Elparanit. Éstos eran sus nombres: el primogénito se llamaba Ataray, el segundo, Adycam, y el tercero, Morión. Sus hermanas se llamaban: la mayor, Batia, y la más pequeña, Akuzit.

El primogénito, de nombre Ataray, era tonto, miedoso y torpe. Adycam, era astuto y sabio, y conocía todas las ciencias de Egipto, aunque su aspecto era muy desagradable, enano y gordo, siendo su altura de un codo y cuarto.

Al ver el rey a su hijo Adycam astuto y sabio en todo asunto, decidió nombrarlo para que fuera rey en su reemplazo, cuando falleciese. Y tal lo encomendado por el Faraón, así aconteció.

(Midrash Sefer Haiashar)

Cuando Moshé ascendió a las Alturas Celestiales, los ángeles le dijeron a Dios:

«Amo del universo ¿qué hace un nacido de mujer entre nosotros?». Les dijo: «Ha venido para recibir la Torá». Entonces plantearon: «¿Tu tesoro tan preciado que ha estado guardado aquí durante tanto tiempo lo quieres entregar a los hombres? ¿Qué es el hombre, para que tengas de él memoria, y el hijo del hombre, para que lo recuerdes?». (Salmos 8:5)

Y agregaron:

El Eterno, nuestro Señor, cuán grande es tu nombre en toda la tierra, has dispuesto tu esplendor –la Torá– en los Cielos. (Salmos 8:2)

Dios le dijo a Moshé: «Otórgales una respuesta».

Moshé le respondió: «Temo que me calcinen con el aliento de sus bocas».

Dios le dijo: «Aférrate a mi trono de Gloria y respóndeles».

Moshé le preguntó: «Amo del universo, la Torá que me entregarás, ¿qué está escrito en ella?».

Yo soy El Eterno, tu Dios, Quien te sacó de la tierra de Egipto, de la casa de la esclavitud. (Éxodo 20:2)

Moshé les dijo a los ángeles: «¿Acaso habéis descendido a Egipto y fuisteis esclavizados por el Faraón? ¿Para qué ha de permanecer la Torá con vosotros?».

Además, «¿qué está escrito en ella?».

No tendrás a otros dioses en Mi presencia. No te harás una imagen tallada ni ninguna semejanza de aquello que está arriba en los cielos ni abajo en la tierra ni en el agua debajo de la tierra. No te postrarás ante ellos ni los adorarás, pues Yo soy El Eterno, tu Dios, un Dios celoso, Quien tiene presente el pecado de los padres sobre los hijos hasta la tercera y cuarta generación con

Mis enemigos; pero Quien muestra benevolencia con miles de generaciones a aquellos que Me aman y observan Mis preceptos. (Éxodo 20:4–6)

Moshé les dijo: «¿Acaso estáis inmersos entre los pueblos que practican idolatría?».

¿Qué otra cosa está escrita?

Recuerda el día de Shabat, para santificarlo. Seis días trabajarás y harás todo tu trabajo; mas el séptimo día es Shabat para El Eterno, tu Dios; no harás ninguna labor, tú, tu hijo, tu hija, tu esclavo, tu sirvienta, tu animal y tu converso dentro de tus puertas, pues en seis días El Eterno hizo los cielos y la tierra, el mar y todo lo que hay en ellos, y descansó el séptimo día. Por eso, El Eterno bendijo el día de Shabat y lo santificó. (Éxodo 20:8–11)

Les dijo a los ángeles: «¿Acaso hacéis labor que necesitáis descanso?».

¿Qué más consta en la Torá?

No tomarás para jurar en el Nombre de El Eterno, tu Dios, en vano, pues El Eterno no absolverá a nadie que tome Su Nombre en vano. (Éxodo 20:7)

Les dijo: «¿Acaso realizáis tratos comerciales?».

¿Qué más consta en la Torá?

Honra a tu padre y tu madre, para que se prolonguen tus días sobre la tierra que El Eterno, tu Dios, te da. (Éxodo 20:12)

Moshé les dijo: «¿Acaso vosotros poseéis padre y madre?»

¿Qué más está escrito?

No matarás; no cometerás adulterio; no robarás. (Éxodo 20:13)

Les dijo: «¿Acaso hay entre vosotros envidia o poseéis un mal instinto?».

Inmediatamente los ángeles reconocieron ante Dios que la Torá debía ser entregada a los hombres. Como está escrito:

¡El Eterno, nuestro Señor, cuán grande es tu nombre en toda la Tierra!. (Salmos 8:10)

Nótese que en este versículo «has dispuesto tu esplendor en los Cielos» no está escrito.

Inmediatamente todos se amigaron con él y le entregaron un presente. E incluso el Ángel de la Muerte le entregó un presente. Como está escrito:

Moshé le dijo a Aarón: «Toma el brasero y coloca sobre él fuego de sobre el Altar, y coloca incienso, y ve deprisa hacia la asamblea y procúrales expiación, pues la furia ha salido de la presencia de El Eterno. Ha comenzado la plaga». Aarón tomó tal como Moshé le había dicho y corrió hacia el medio de la congregación, y he aquí que la plaga había comenzado en el pueblo. Colocó el incienso y procuró la expiación para el pueblo. Se irguió entre los muertos y los vivos, y la plaga se detuvo. (Números 17:11–13)

Si no fuera porque el Ángel de la Muerte se lo dijo ¿cómo podía saberlo?

(Talmud, tratado de Shabat 88b)

¿Sabías que...
... un hombre amamantó a su hijo con sus propios senos?

En el Talmud se narra el caso de un individuo, cuya esposa dio a luz un hijo varón y al poco tiempo falleció. Este individuo era indigente y no poseía dinero para alquilar una nodriza que amamantara a su hijo. Sin embargo le aconteció un milagro y se le formaron dos senos semejantes a los de una mujer con los que él mismo amamantó a su hijo.

(Talmud, tratado de Shabat 53b)

¿Sabías que...
... existen estudios científicos que indican que el hombre desciende del
mono, pero según el Talmud, el mono desciende del hombre?

Después del Diluvio Universal, sobrevino la Época de la División. Como está escrito:

Toda la tierra tenía un mismo idioma y un mismo propósito. Y sucedió que cuando emigraron del este, hallaron un valle en la tierra de Shinar y allí se asentaron. Y se dijeron los unos a los otros: «Vamos, hagamos ladrillos y cozámoslos con fuego». Y el ladrillo les sirvió de piedra, y el barro de asfalto. Y dijeron: «Vamos, edifiquemos una ciudad y una torre que llegue hasta el Cielo, y hagámonos un nombre, para que no nos dispersemos por toda la tierra». (Génesis 11:1-4)

Rabí Iermía, el hijo de Rabí Elazar dijo: Se dividieron en tres grupos.

Un grupo propuso: «Ascendamos y moremos allí».

Un segundo propuso: «Ascendamos y practiquemos idolatría».

Un tercer grupo propuso: «Ascendamos y libremos una batalla».

Después de ponerse de acuerdo comenzaron la construcción y El Eterno destruyó su propósito.

Los miembros del grupo que dijo: «Ascendamos y moremos allí», fueron dispersados por El Eterno. Como está escrito:

Y El Eterno los dispersó desde allí por toda la faz de la tierra; y abandonaron la construcción de la ciudad. (Génesis 11:8)

Los miembros del grupo que dijo: «Ascendamos y libremos batalla» se transformaron en monos, y seres denominados *rujot, shedim y lilim*.

A los miembros del grupo que dijo: «Ascendamos y practiquemos idolatría», El Eterno confundió sus idiomas –para que no puedan acordar la práctica idólatra–. Como está escrito:

El Eterno confundió el idioma de toda la Tierra, y desde allí El Eterno los dispersó por toda la faz de la Tierra. (Génesis 11:9)

(Talmud, tratado de Sanhedrín 109a)

¿Sabías que...
... la hizo sufrir y terminó sufriendo?

Él –Elcaná– poseía dos mujeres; el nombre de una era Jana, y el de la otra, Penina. Y Penina tenía hijos, mas Jana no tenía hijos. (I Samuel 1:2)

Elcaná con sus dos mujeres e hijos asistían cada año al Santuario de Shiló. Allí ofrecían sacrificios y comían. Como está escrito:

Le daba a Jana una parte escogida; porque amaba a Jana, aunque El Eterno le había cerrado su matriz. Y su contendiente la irritaba, enojándola y afligiéndola, porque El Eterno le había cerrado su matriz. Así hacía cada año; cuando subía a la casa de El Eterno, la irritaba así; por lo cual Jana lloraba, y no comía. (I Samuel 1:5–7)

Jana inmersa en su congoja se dirigió al Santuario para orar a El Eterno, y le elevó una sentida plegaria. La misma surtió efecto, y le nació un hijo. Como está escrito:

Aconteció que al cumplirse el plazo, después de haber concebido, Jana dio a luz un hijo, y le puso por nombre Samuel, diciendo: «Por cuanto lo pedí a El Eterno». (I Samuel 1:20)

Posteriormente le nacieron a Jana más hijos, como está escrito:

El Eterno recordó a Jana, y ella concibió, y dio a luz tres hijos y dos hijas. Y el joven Samuel crecía delante de El Eterno. (I Samuel 2:21)

Esta dicha que le había sobrevenido a Jana, era contrapuesta a la desdicha que había sobrevenido a Penina. Pues a causa de la aflicción que le había propinado en el pasado, cada vez que le nacía un hijo a Jana, le fallecían dos a Penina. Esto fue así hasta que Jana quedó preñada del quinto hijo y lo dio a luz. En ese momento Penina se arrojó a los pies de Jana y le rogó que orase para que vivan los únicos dos hijos que le quedaban. Jana lo hizo, y de ese modo los salvó, siendo considerados en el futuro a su nombre. Como está escrito:

Hasta la estéril ha dado a luz siete, y la que tenía muchos hijos languidece. (I Samuel 2:5)

¿Por qué se mencionan siete hijos a nombre de Jana cuando poseía sólo cinco? Se debe a que los dos de Penina que salvó con su plegaria, son considerados a su nombre. (Rashi)

II

ENIGMAS DEL NÚMERO 1

¿Sabías que...
... un componente de mal olor formaba parte del incienso que se
encendía en el Templo Sagrado?

Los componentes del incienso eran: bálsamo, uña olorosa, gálbano, olíbano, mirra, casia, nardo, azafrán, costo, corteza aromática y canela.

Los citados son los once ingredientes básicos que se utilizaban para preparar el incienso que era ofrecido en el Templo Sagrado. Mas debe destacarse un dato muy curioso: si bien se trataba una ofrenda dedicada a Dios, la cual debería proporcionar un aroma agradable, uno de los componentes que la integraban, el gálbano, producía mal olor.

La razón de esta asombrosa inclusión de un componente de mal olor entre otros diez de aroma agradable encierra una magnífica enseñanza. Ésta es que no debe impedirse al malvado orar con la congregación. Ya que cuando las plegarias de todos los fieles se eleven, en el Cielo las analizarán. Entonces advertirán que la plegaria de los diez hombres aptos fue sublime en comparación con la del impío.

Antes bien, esto no podría ser así en el caso de que este malvado no se hallara allí. Pues no habría con quién comparar sus plegarias para demostrar superioridad. Resulta que el beneficio que se obtiene por permitirle orar con la congregación es notorio. Asimismo, él mismo se contagiará de los hombres rectos que allí hay y enderezará su camino para poder regresar a los senderos del bien.

Por lo tanto, la inclusión de un componente que emitía olor ingrato, enseña que un individuo de la congregación que produce «olor ingrato», se anula entre diez que producen buen aroma.

Aunque para conseguir este efecto se requiere que haya en la Sinagoga diez hombres buenos, de modo que puedan anular al malo. No es suficiente con que haya nueve frente al malo, pues así surge de la enseñanza del incienso, donde eran necesarias diez fragancias para anular el mal olor de una. Luego ésta se impregnaba de las otras diez y poseía un grato aroma. Debido a ello, si hay dos hombres malos, se necesitarán veinte hombres buenos para anularlos. Ya que si se disminuyen las cantidades, en vez del impío impregnarse del buen aroma de los buenos, los buenos se impregnarán del olor ingrato de los malos.

(Jesed Leabraham)

¿Sabías que...
... un solo hombre realizaba el servicio ritual del Día del Perdón en el
Templo Sagrado?

Por tal razón, siete días antes del Día del Perdón separaban al Sumo Sacerdote de su casa, para que no estuviera en contacto físico con su mujer. La causa de esta prevención se debía a que tal vez ella contrajera alguna probable impureza ritual y él se impurificara por esa causa. Siendo así tendría prohibido ingresar en el Templo en el Día del Perdón para realizar las tareas rituales.

(*Véase* Mishná Iomá 1:1, mefarshei hamishná)

¿Sabías que...
… un solo acto bueno inclina la balanza del mundo entero para el
lado meritorio?

La persona siempre debe verse a sí misma como si tuviera mitad de méritos y mitad de incorrecciones. Si realiza un precepto, dichoso él, pues inclinará la balanza que mide sus actos hacia el lado meritorio. En cambio, si comete una falta, inclinará la balanza hacia el lado de los desmerecimientos. Como está escrito:

Mejor es la sabiduría que las armas de guerra; y un pecador pierde muchas bondades». (Eclesiastés 9:18)

Dijo Rabí Elazar, el hijo de Rabí Shimón: «Dado que el mundo es juzgado de acuerdo con la mayoría, y la persona individual es juzgada de acuerdo con la mayoría, si realiza un precepto, dichoso él, pues inclinará la balanza que mide sus actos y los de todo el mundo para el lado meritorio. En cambio, si comete una falta, inclinará la balanza para el lado de los desmerecimientos». Como está escrito:

Mejor es la sabiduría que las armas de guerra; y un pecador pierde muchas bondades. (Talmud, tratado de Kidushín 40b)

¿Sabías que...
… un fuego puede encender millares de fuegos sin sufrir ninguna
disminución de su luz?

Del mismo modo acontece con la Torá y los preceptos. Por ejemplo, un individuo desea en su corazón realizar un precepto, tal como ayudar a un necesitado. En ese momento el instinto maléfico surge de su interior y le dice: «¿Para que has de realizar un precepto que te disminuirá tu capital? En vez de dar a otros, otórgales a tus hijos». Sin embargo, el instinto bueno le dice: «Otorga para el precepto. Observa lo que está escrito: "La vela es el precepto, y la Torá luz" (Proverbios 6:23)». Un precepto de la Torá se asemeja a la luz de la vela, la misma puede encender millares de velas y nada de su luz original mermará. Del mismo modo sucede con quien da para un precepto, no mermará nada de su capital. Tal como está escrito:

La vela es el precepto, y la Torá luz.

(Midrash Rabá, Shemot 36:3)

¿Sabías que...
… en el cuerpo humano existe un hueso diferente a todos los demás?

Adán infringió el mandato de Dios, comiendo del árbol del conocimiento del bien y del mal el día sexto de la creación, el viernes. Ese producto nutrió a prácticamente todo su organismo. Antes bien, existe en el cuerpo humano un hueso pequeño denominado *luz*, el cual no tiene provecho del alimento consumido durante los días de la semana. Sólo tiene provecho del alimento consumido en la noche que llega al concluir el Shabat.

Siendo así, el *luz* no tuvo provecho del fruto del árbol que fue prohibido por Dios a Adán. Resulta que el mismo no participó del pecado. Eso hace que en el cuerpo exista un hueso diferente a todos los demás, el cual aún mantiene la santidad del cuerpo de Adán antes de transgredir.

Este hueso posee propiedades extraordinarias, jamás se altera ni cambia de estado. Aunque sea sometido al afecto del fuego, o se lo intente triturar o moler colocándolo en un mortero, mediante golpes de martillo o cualquier tipo de fuerza que se le aplique, permanece intacto, sin mella alguna.

Este hueso es la conexión que queda entre el alma y el cuerpo después de la muerte. Incluso cuando la materia se desintegre por completo, el *luz* permanecerá intacto.

El *luz* se encuentra en la parte posterior del cráneo, y no está ligado a ninguno de los demás huesos. Su tamaño es tan pequeño como un grano de cebada esferoidal, casi cuadrado. Lo recubren unas delgadas venillas portadoras de sangre, adoptando el aspecto semejante al de una araña que lo aprisiona.

Los sabios enseñan que a partir de este hueso, en la época de la resurrección de los muertos, comenzarán a desarrollarse en su interior todos los miembros, tendones, piel y carne. Así vendrá rodando hasta la Tierra de Israel, donde finalmente recibirá el alma y revivirá.

(Oraj Jaim 300, Caf Hajaim, Taamei Haminaguim)

¿Sabías que...
... un solo muro quedó en pie del Templo Sagrado?

Se trata del muro conocido como el Muro de las Lamentaciones que se encuentra en Jerusalén. Acerca del mismo se dijo: «En una ocasión Rabí Natán se dirigió al Templo de Jerusalén y lo halló en ruinas, un solo muro había quedado en pie. Dijo: "¿Cuál es la gracia de este muro?". Un individuo que se apareció en el lugar le dijo: "¡Te lo mostraré!". Tomó un anillo y lo colocó en el muro. El anillo cimbraba de aquí para allá, vibrando sin cesar». Era una señal reveladora de que la Presencia Divina aún sigue presente en ese sitio. En ese momento, Rabí Natán pudo contemplar una escena en la que se apreciaba a El Santo, Bendito Sea, inclinándose, enderezándose, parándose y lamentándose por la destrucción del Templo y por los Hijos de Israel que se encontraban exiliados. Esto es a lo que se refiere el versículo que expresa:

Aúlla, ciprés –berosh–, porque el cedro cayó, porque los árboles magníficos son derribados». Ciprés hace referencia a El Santo, Bendito Sea, tal como lo indica la raíz hebrea de ese término berosh. Como está escrito: «Subirá el que abre caminos delante de ellos; abrirán camino y franquearán el portal, y saldrán por él; y su rey pasará delante de ellos, y a la cabeza –berosh– de ellos El Eterno. (Miqueas 2:13)

(Tana Dbei Eliahu Rabá 30:6)

¿Sabías que...
... una acción decorosa puede revertir la situación de un barrio, una
comarca y también del mundo entero?

En el Talmud está escrito:

Siempre la persona debe verse a sí misma como si tuviera
la mitad de méritos y la mitad de faltas. Realizando un sólo
mérito, desnivela todos sus actos hacia el lado meritorio. Pero si
comete una falta provoca exactamente lo contrario.

Rabí Elazar el hijo de Rabí Shimón dijo: «El mundo es juzgado de acuerdo con la mayoría, y el individuo es juzgado de
acuerdo con la mayoría. Por tal razón, realizando un sólo acto
meritorio, desnivela a todos sus actos y los actos del mundo
entero hacia el lado meritorio. Pero si comete una falta provoca
exactamente lo contrario». (Talmud, tratado de Kidushín 40b)

En otro tratado del Talmud se citan ejemplos: En una gran
parte de la república de Zura se había propagado una grave
epidemia. Pero en el barrio donde vivía el gran erudito Rab, los
pobladores no habían sido afectados. En un primer momento
pensaron que se debía al mérito del gran sabio. Sin embargo, a
través de un sueño les revelaron que el milagro que aconteció
no fue por él, sino por un vecino que prestaba generosamente
el pico y la pala.

En Drukart sucedió algo similar. Se generó un enorme
incendio que se propagó por toda la ciudad, pero el barrio de
Rab Huna no fue alcanzado por el fuego. Pensaron que era por
su mérito, pero les revelaron a través de un sueño que era por
una señora que en la víspera del Shabat calentaba el horno para
que vinieran las demás vecinas necesitadas a hornear sus panes.
A ello se debió que esa zona no fuera afectada.

(Talmud, tratado de Taanit 21b)

III

ENIGMAS DEL NÚMERO 2

¿Sabías que...
... cuando dos entran a rezar juntos, uno debe esperar al otro?

En el Talmud se cita el caso de dos individuos que entraron a rezar juntos. Pero aconteció que uno de ellos terminó primero y se retiró del lugar. E hizo esto pese a que dejaba solo a su compañero. Actuando de este modo, en retribución por su detestable actitud, le arrojaran su plegaria ante él, sin aceptársela. Además, obrar tal como lo hizo, con crueldad, provoca que la Presencia Divina se aparte de Israel.

Sin embargo, si aguarda a su compañero, la recompensa que le espera es muy grande. Pues se adjudica las bendiciones señaladas por el profeta. Como está escrito:

Si atiendes Mis preceptos. (Isaías 48:18)

Es decir, si cumples con el precepto de hacer bondad, aguardando a tu compañero, te acreditarías las bendiciones descritas a continuación:

Tu paz será como un río, y tu justicia como las olas del mar; tu descendencia será como la arena, y los renuevos de tus entrañas como el producto del mar; su nombre no será cortado, ni exterminado de mi presencia. (Isaías 48:18–19)

(Talmud, tratado de Berajot 5b)

41

¿Sabías que...
... durante la boda se acompaña al novio con dos velas?

La causa se debe a que el término hebreo que representa una vela es *Ner*. El valor numérico que corresponde con las letras de *Ner* es 250. Ya que *Ner* se escribe mediante las letras *Nun* y *Reish*, siendo el valor de *Nun* 50 y el de *Reish* 200. Por lo tanto, si una vela equivale a 250, dos velas contienen un valor numérico igual a 500.

Por otro lado, está escrito en la Mishná, que el hombre posee 248 sectores óseos. (Tratado de Oalot 1:8) En tanto la mujer posee 252 sectores óseos.

Sumando los sectores óseos del hombre más los de la mujer resulta:

248 + 252 = 500

Conclusión: Se acompaña al novio con dos velas, en mérito de la unión que formalizó con su prometida, constituyendo entre ambos un conjunto de 500 sectores óseos.

(Taamei Haminaguim)

¿Sabías que...
... las Tablas de la Ley estaban escritas por ambos lados?

En el Talmud se cita la siguiente enseñanza que lo demuestra:

Dijo Rab Jisda: «Las letras *Mem* y *Samej* que constaban en las Tablas de la Ley entregadas por El Eterno a Moshé, se mantenían milagrosamente. Esto es así porque el centro de las mismas estaba suspendido en el aire y no se caía».

Rab Jisda enseñó: «La escritura de las Tablas de la Ley se leía por delante y por detrás».

Esto implica, que en el dorso de las Tablas de la Ley se leían las mismas letras pero al revés, y las palabras también se veían al revés. Por lo tanto, se entiende que la escritura estaba labrada de manera tal, que pasaba de lado a lado, atravesando totalmente el espesor de las tablas.

Siendo así las letras *Mem* y *Samej* que constaban en las Tablas de la Ley entregadas por El Eterno a Moshé, se mantenían milagrosamente. Pues la forma de estas letras es completamente cerrada —como una *o* española–, permaneciendo el centro de las mismas suspendido en el aire, y pese a ello no se caían.

(Talmud, tratado de Shabat 104, Rashi)

¿Sabías que...
... Rebeca tenía dos naciones en su vientre?

Esto es así, tal como está escrito:

Y El Eterno le dijo: «Dos pueblos hay en tu vientre; dos naciones de tus entrañas se separarán; el poder pasará de una nación a otra y la mayor servirá a la menor». (Génesis 25:23)

Estas dos naciones eran Israel y Edom, que surgirían a partir de sus dos hijos que llevaba en su vientre: Jacob y Esaú.

Antes bien, la palabra hebrea que aparece en el versículo en alusión a naciones es *goim,* y se interpreta de este modo por tradición. Sin embargo, si se lee la expresión textualmente resulta *gueim,* que significa «hombres magnos». Es en alusión al césar Marco Aurelio –Antoninus– y Rabí Iehuda el compilador de la Mishná.

(Talmud, tratado de Berajot 57b)

¿Sabías que...
... dos Mesías vendrán a redimir a Israel?

Está escrito:

La tierra llorará, cada linaje aparte; los descendientes de la casa de David aparte, y sus mujeres aparte; los descendientes de la casa de Natán aparte, y sus mujeres aparte». (Zacarías 12:12)

Este llanto será por el Mesías del linaje de José, que morirá en la batalla. Como está escrito:

Y derramaré sobre la casa de David, y sobre los moradores de Jerusalén, espíritu de gracia y ruego, y me mirarán por quien fue traspasado , como con una espada, y lo llorarán como se llora por el hijo unigénito, afligiéndose por él como quien se aflige por el primogénito». (Zacarías 12:10)

Luego, el Mesías del linaje de David antes de revelarse, será consultado por Dios, que le propondrá: «¡Pídeme un deseo y te lo concederé!». Al ver al Mesías del linaje de José que murió, el Mesías del linaje de David solicitará: «Amo del universo, no solicito de Ti sino vida». Dios le responderá: «Vida, antes de que la solicites, ya la profetizó para ti David, tu ancestro. Como está escrito: "Vida te solicitó, y se la diste"». (Salmos 21:5)

(Talmud, tratado de Sucá 52ª, mefarshei hatalmud)

¿Sabías que...
… dos portones del Templo de Jerusalén eran de cobre y todos los demás eran de oro?

Esto era así porque Nicanor se dirigió a Alejandría, Egipto, para construir y traer puertas para los portales del Templo. Allí hizo dos puertas lustradas, revestidas en cobre para tal fin. Colocó las puertas en una embarcación y emprendió el regreso. Cuando se hallaba en alta mar, se levantó una gran tormenta que amenazaba con ahogarlos. Por tal razón, los tripulantes tomaron una de las puertas y la arrojaron al mar. Hicieron esto con el fin de alivianar el peso de la embarcación. Sin embargo, la furia de la tempestad marítima no se calmaba, por lo que decidieron arrojar la segunda puerta.

En ese momento Nicanor se incorporó, agarró la puerta entre sus brazos, y les dijo: «Si la tiráis, arrojadme con ella al mar». Tras este suceso, inmediatamente la furia del mar se calmó.

De todos modos, Nicanor se lamentaba mucho por la otra puerta que había sido arrojada. Antes bien, cuando la nave llegó al puerto de Ako, la primera puerta surgió y emergió de debajo de los laterales del barco.

Estas puertas fueron colocadas en el portón oriental del atrio, frente a la puerta del *Heijal*. Ésta es la razón por la cual todos los portones que había en el Templo fueron hechos de oro, excepto los portones de Nicanor, por los milagros que acontecieron con ellos.

(Talmud, tratado de Ioma 38a)

¿Sabías que...
... los dos machos cabríos del Día del Perdón, es un precepto que sean
iguales en aspecto, tamaño, valor, y en su compra conjunta?

La razón es porque fue dicho tres veces «dos machos cabríos» en los versículos que refieren al asunto. Como está escrito:

Y de la congregación de los hijos de Israel tomará dos machos cabríos». (Levítico 16:5)

Y comprará dos machos cabríos. (Levítico 16:7)

Y echará suertes Aharón sobre dos machos cabríos. (Levítico 16:8)

Se deduce de estas citas que es un precepto que sean iguales: en aspecto, en altura, en valor y adquisición conjunta. (Mishná Iomá 6:1, Tosfot Iom Tov)

Para determinar el destino de estos machos cabríos, el Sumo Sacerdote mezclaba en la urna y extraía dos suertes. Sobre una estaba escrito: «para El Eterno», y sobre la otra estaba escrito: «para Azazel». El macho cabrío sobre el que recaía la suerte «para El Eterno» era ofrendado, y el que recaía sobre él la suerte «para Azazel», era enviado fuera de Jerusalén con los pecados del pueblo. (Mishná Iomá 4:1) El encargado de llevar el macho cabrío dividía una cinta roja, atando la mitad a la roca y la otra

45

mitad entre los cuernos del animal. Posteriormente lo empujaba hacia atrás. La cinta se volvía blanca y sabían que los pecados habían sido expiados.

(Mishná Iomá 6:6; Talmud)

IV

ENIGMAS DEL NÚMERO 3

¿Sabías que...
... 3 tipos de individuos requieren de un acompañante para estar
protegidos de los demonios?

- Un enfermo
- Un novio
- Una novia

El enfermo requiere de acompañamiento debido a que su situación personal –*mazal*– marcó un declive y se encuentra sumido en un estado de riesgo. En este mismo orden entran las parturientas y los que están de duelo.

El novio y la novia requieren de acompañamiento por la envidia que despierta la felicidad de ellos en los demonios. Esto es así, porque el Satán ataca en momentos de peligro y alegría.

(Talmud, tratado de Berajot 54b, Rashi, Rabino Iona)

¿Sabías que...
... tres cosas prolongan la vida de la persona?

- Extenderse en la plegaria
- Permanecer en la mesa
- Demorarse en el excusado

Dijo Rabí Iehuda: «Tres cosas, quien se extiende en hacerlas, prolonga la cantidad de años de vida y la calidad de sus días: quien se extiende en su plegaria a Dios; quien permanece en su mesa y no se precipita a acabar la comida; y quien se demora en el excusado, quedándose allí hasta que exonera completamente el vientre, lo cual es muy saludable».

(Talmud, tratado de Berajot 54b, Rashi, Ben Ioiadá)

¿Sabías que...
... tres cosas no ingresan al organismo y sin embargo éste disfruta de ellas?

- Bañarse
- Untarse
- Mantener relaciones maritales

(Talmud, tratado de Berajot 54b)

¿Sabías que...
... tres cosas representan un reflejo del Mundo Venidero?

- El Shabat
- El sol
- El acto de evacuar el vientre

(Talmud, tratado de Berajot 54b)

¿Sabías que...
... tres cosas reconfortan a la persona?

- Una voz agradable
- Una visión fascinante
- Un aroma grato

(Talmud, tratado de Berajot 57b)

¿Sabías que...
... tres cosas encumbran anímicamente a la persona?

- Una casa confortable
- Una bella mujer
- Enseres hermosos

(Talmud, tratado de Berajot 57b)

¿Sabías que...
... tres hábitos provocan enfermedades de pies?

- Vestir zapatos ajustados
- Dormir en una cama estrecha
- Demasiada copulación

(Reshit Jojmá, Jupat Eliahu Shaar 3:6)

¿Sabías que...
... tres cosas debilitan el organismo?

- Comer de pie
- Beber de pie
- Copular de pie

(Talmud, tratado de Guitín 70a)

¿Sabías que...
... tres clases de individuos son amados por El Santo, Bendito Sea?
- El que no se encoleriza
- El que no se embriaga
- El que pasa por alto la maldad que otros perpetraron contra él

(Reshit Jojmá, Jupat Eliahu Shaar 3:10)

Rava enseñó: «A cualquiera que pasa por alto la maldad que otros perpetraron contra él, en el Tribunal Celestial le pasan por alto sus pecados. Como está dicho: "Él perdona la iniquidad y pasa por alto la trasgresión". (Miqueas 7:18) ¿La iniquidad de quién Él perdona? La del que pasa por alto la falta que fue cometida contra él».

Esta enseñanza puede ser ilustrada con este suceso: Rav Huna, el hijo de Rabí Iehoshúa, se enfermó. Rav Papa fue a preguntar por él. Rav Papa vio que él estaba al borde de la muerte. Les dijo a los presentes: «Proveedlo de provisiones para su camino», es decir, proveedlo de su mortaja. Finalmente Rav Huna se recuperó. Rav Papa se avergonzaba de verlo. Le dijeron a Rav Huna: «¿Qué has visto?». Les dijo: «Ciertamente fue así como Rav Papa dijo, que yo estaba a punto de morir. Pero en el último instante El Santo, Bendito Sea, dijo al Tribunal Celestial: "Ya que él no se mantiene en su principio, es decir, él es tolerante con otros que actuaron incorrectamente con él, no seáis puntillosos con él, como está dicho: 'Él perdona la iniquidad y pasa por alto la trasgresión'"». (Miqueas 7:18) ¿Las iniquidades de quién perdona? Las de uno que pasa por alto la maldad que otros perpetraron contra él. (Rosh Hashaná 17a)

¿Sabías que...
... tres clases de individuos envejecen prematuramente?

- El que habita en un altillo
- El que cría gallinas
- El que habla y no le escuchan

(Reshit Jojmá, Jupat Eliahu Shaar 3:13)

¿Sabías que...
... tres clases de individuos su vida es un oprobio?

- El que espera que otros lo inviten para comer
- Aquel a quien su mujer lo domina
- Aquel al que los flagelos lo hostigan
(Reshit Jojmá, Jupat Eliahu Shaar 3:13)

¿Sabías que...
... tres personas claman en el Tribunal y no reciben respuesta
de los jueces?

Esto es así porque ellos mismos causaron su mal. Ellos son:
- El que presta dinero sin testigos ni comprobantes
- El que posee una mala esposa y no se divorcia de ella
- El que vive en una ciudad perversa y no la abandona
(Reshit Jojmá, Jupat Eliahu Shaar 3:14; *véase* Talmud Babá
Metzía 75b, Rashi)

¿Sabías que...
... 3 sueños se cumplen?

- Los sueños de la mañana
- Un sueño que soñó de él su compañero
- El que interpreta el sueño durante el desarrollo del mismo
(Talmud Berajot 55b; Reshit Jojmá,
Jupat Eliahu Shaar 3:14)

¿Sabías que...
... tres sonidos resultan agradables para las personas?

- La voz de la Torá
- La voz de las lluvias
- El sonido del dinero
(Reshit Jojmá, Jupat Eliahu Shaar 3:18)

¿Sabías que...
... tres sonidos desagradan a las personas?

- El llanto de los niños
- El ruido de los ratones
- El sonido de los cerdos

(Reshit Jojmá, Jupat Eliahu Shaar 3:18; mefarshim)

¿Sabías que...
... tres cosas aminoran las fuerzas del individuo y demudan su rostro?

- El miedo
- El camino
- La iniquidad

(Talmud, tratado de Guitín 70a)

El miedo se refiere a la congoja que se expresa por percibir un futuro incierto. Por ejemplo en el plano económico, o en lo relacionado con la seguridad del país (Rashi). Esto es así, tal como está escrito:

Mi corazón se encuentra acongojado, mi vigor me ha abandonado, y la luz de mis ojos ya no está conmigo. (Salmos 38:10)

El camino, como está escrito:

Debilitó mi fuerza en el camino, acortó mis días. (Salmos 102:24)

La iniquidad, como está escrito:

Porque mi vida se consume en sufrimiento, y mis años en quebranto de corazón; se extinguen mis fuerzas a causa de mi iniquidad, y mis huesos se han debilitado. (Salmos 31:11)

¿Sabías que...
... existen en el mundo tres tipos de personas poseedoras de diferentes
cualidades de excelencia?

- El que otorga caridad es elogiado ante el Omnipresente y ante las criaturas
- El que presta a todo individuo es superior a él
- El que otorga dinero a su compañero necesitado y divide con él las ganancias es superior a todos

(Reshit Jojmá, Jupat Eliahu Shaar 3:23; mefarshim)

- El mal de ojo
- El mal instinto
- El odio a sus semejantes

El mal de ojo representa la avaricia y la envidia por las posesiones de los demás.

El mal instinto representa la desesperación por satisfacer todos los deseos que su corazón le sugiere.

El odio a sus semejantes refiere al que se manifiesta incluso cuando no existen razones valederas.

Estos malos hábitos sacan a la persona del mundo, destruyéndolo físicamente consumiendo su cuerpo, y también afectan su alma.

(Mishná, tratado de Avot 2:11, mefarshei hamishná)

¿Sabías que...
... existen tres reglas esenciales que deben tenerse en cuenta
a la hora de la comida?

- Aquel que comió y no bebió, su comida es sangre, siendo el principio de una enfermedad intestinal.

- Aquel que comió y bebió, pero no caminó cuatro codos, sus intestinos se deteriorarán, generándose por ello mal aliento
- Aquel que comió cuando necesitaba exonerar el vientre, provoca que su cuerpo produzca sudor hediondo.

(Talmud, tratado de Shabat 41a)

¿Sabías que...
... tres llaves permanecen en poder de Dios y no las otorga a intermediarios?

- La llave de las lluvias
- La llave de los nacimientos
- La llave de la resurrección

La llave de las lluvias, como está escrito:

El Eterno abrirá para ti Su tesoro de bondad, los Cielos, para procurar lluvias para tu tierra en su tiempo, y para bendecir toda la obra de tus manos; les prestarás a muchas naciones, pero no pedirás prestado. (Deuteronomio 28:12)

La llave de los nacimientos, como está escrito:

Dios recordó a Raquel; Dios la escuchó y abrió su matriz. (Génesis 30:22)

La llave de la resurrección, como está escrito:

Y sabréis que yo soy El Eterno, cuando abra vuestras tumbas, y os haga ascender de vuestras tumbas, pueblo mío. (Ezequiel 37:13)

(Talmud, tratado de Taanit 2a)

¿Sabías que...
...todo está compuesto de tríos?

Está escrito:

¿Acaso no te he escrito tríos, para que te sean de consejo y sabiduría?». (Proverbios 22:20)

Dijo Rabí Iehoshúa, el hijo de Rabí Nejemia: «Se refiere a la Torá, cuyas letras constituyen tríos». Pues formando grupos de tres letras, la letra del medio es un tercio de las letras de los extremos.

Por ejemplo: las tres primeras letras del alfabeto hebreo son *alef, bet, guimel*. El valor de *alef* es 1, el valor de *bet* es 2 y el valor de *guimel* es 3. El resultado que se obtiene sumando los valores de estas letras es 6. Un tercio de 6 es 2, el mismo valor de la letra central –*bet*– de este grupo de 3 letras.

Las siguientes 3 letras del alfabeto hebreo son: *dalet, he, vav*. El valor de *dalet* es 4, el valor de *he* es 5 y el valor de *vav* es 6. El resultado que se obtiene sumando los valores de estas letras es 15. Un tercio de 15 es 5, el mismo valor de la letra central –*he*– de este grupo de 3 letras.

Este mismo fenómeno se repite aplicándolo a la totalidad de las letras del alfabeto hebreo.

Además de este portento, todo fue hecho triple.

La Torá –Biblia– es triple:

- Libros del Pentateuco
- Profetas
- Escritos Sagrados (Salmos, Proverbios, Cantar de los Cantares, etc.)
- La Mishná es triple:
- Talmud (explicación de la Mishná)
- Leyes prácticas
- Narraciones alusivas –*hagadot*–
- El hombre que medió entre Dios y el pueblo para la entrega de la Torá es un tercero. Pues Moshé es el tercer hijo de su madre.
- Miriam
- Aharón
- Moshé
- La plegaria es triple:

- La plegaria nocturna, denominada *Arbit*
- La plegaria matutina, denominada *Shajarit*
- La plegaria vespertina, denominada *Minjá*

La santificación de la plegaria denominada *kedushá* es triple. En la misma se pronuncia tres veces el término *kadosh* que significa Santo, en homenaje a El Eterno:

- *Kadosh* (Santo)
- *Kadosh* (Santo)
- *Kadosh* (Santo)
- El pueblo de Israel es triple:
- Los sacerdotes descendientes de Aharón, el hijo de Levi, denominados *cohanim*
- Los auxiliares de los sacerdotes descendientes de Levi, denominados *levitas*
- Los descendientes de las demás tribus, denominados miembros de Israel

El nombre de Moshé, el líder judío que recibió la Torá directamente de Dios se compone de tres letras:

Moshé se escribe mediante las letras: *Mem – Shin – He.*

El hombre que dio origen a la tribu a la que pertenece Moshé fue Levi, cuyo nombre se compone de tres letras.

Levi se escribe mediante las letras: *Lamed – Vav – Yud.*

El origen de Moshé, que pertenece a la tribu de Levi, proviene de una simiente triple, los tres patriarcas:

- Abraham
- Itzjak
- Jacob

Dios entregó la Torá al pueblo a través de Moshé, en el mes tercero, que es Siván.

- Nisán (primer mes)

- Iyar (segundo mes)
- Siván (tercer mes)

Dios entregó la Torá en el desierto de Sin, cuyo nombre está compuesto de tres letras. Como está escrito:

Acamparon en el monte Sin. (Éxodo 16:1)

Sin se escribe mediante las letras: *Samej – Yud – Nun.*

Como preparativo para recibir la Torá, los integrantes del pueblo de Israel se santificaron durante tres días. Este dato consta explícitamente en el versículo:

Estén aptos para el tercer día. (Éxodo 19:15)

Dijo Rabí Ieoshúa bar Nejemia: «El tercero siempre es amado». Y presentó ejemplos:

Adán engendró tres hijos:

- Caín
- Abel
- Shet

Shet fue el más preciado, tal como lo revela el versículo:

Éste es el libro de la genealogía de Adán. (Génesis 5:1)

También está escrito:

Vivió Adán 130 años y engendró como su aspecto y como su semejanza, y llamó su nombre Shet. (Génesis 5:1)

Respecto a Caín y Abel, no fue dicho que engendró «como su aspecto y como su semejanza», únicamente fue dicho acerca de Shet.

Noé tuvo tres hijos, tal como está escrito:

Noé engendró tres hijos, Shem, Jam y Iafet. (Génesis 6:10)

- Shem
- Jam
- Iafet

Shem era el menor, o sea el tercero, y fue él quien heredó la grandeza. (Etz Iosef Tanjuma Itró 10)

Amram también tuvo tres hijos:

- Miriam
- Aharón
- Moshé

Sobre el tercer hijo, Moshé, está escrito:

Si no fuese por Moshé, el elegido... (Salmos 106)

Jacob engendró a las doce tribus de Israel. De estos doce hijos, el tercero fue Levi:

- Reubén
- Shimón
- Levi

Levi fue el hijo más amado, tal como está escrito:

En ese momento separó Dios a la tribu de Levi. (Deuteronomio 10:8)

Los primeros reyes de Israel fueron estos tres:

- Saúl
- David
- Salomón

Salomón fue el amado, tal como está escrito:

Se sentó Salomón sobre el trono de El Eterno para ser rey. (I Crónicas 29:23)

Respeto a los meses, el tercero es el más amado, tal como está escrito:

Aconteció al tercer mes desde la salida de Egipto, que en este día llegaron al monte Sinaí. (Éxodo 19:1)

(Midrash Tanjuma, Itró 10)

¿Sabías que...
... los integrantes del pueblo de Israel se presentaban tres veces al año
en el Templo Sagrado?

Esta presentación poseía carácter de precepto bíblico, como está escrito:

Tres veces al año todos tus varones deberán presentarse ante El Eterno, tu Dios, en el lugar que Él ha de elegir: en la Fiesta del pan ácimo –*Pesaj*–, en la Fiesta de *Shavuot* y en la Fiesta de *Sucot*; y no se presentará ante El Eterno con las manos vacías, cada uno de acuerdo con lo que pueda dar, de acuerdo con la bendición que te dé El Eterno, tu Dios. (Deuteronomio 16:16–17)

¿Sabías que...
... el fruto del árbol de la sabiduría del bien y del mal, del cual
comieron Adán y Eva poseía tres sabores?

- Trigo
- Vid
- Higo

(Talmud, tratado de Berajot 40a; Ben Ish Jai II Año,
sección Bereshit)

V

ENIGMAS DEL NÚMERO 4

¿Sabías que...
... existen cuatro cualidades propicias para las personas?

- El estudio de la Torá
- El trabajo
- Los consejos del sabio
- Poseer espíritu humilde

(Rashit Jojmá, Jupat Eliahu, shaar 4)

El estudio de la Torá: es el medio que posibilita al individuo aprender a servir a Dios y a convivir dentro de la sociedad, sustentándose honradamente y no despojando a los demás. (Mishná, tratado de Avot 2:2, Rashi)

El trabajo: es sumamente importante en la vida de la persona, incluso si no lo necesita para lograr su sustento. Pues el ocio provoca severos trastornos. Por tal razón los sabios dijeron: «Quien se encuentra desocupado ¿qué debe hacer? Si posee un campo o un patio, que se ocupe del mismo». Pues así como la Torá fue entregada por medio de un pacto, lo mismo acontece con la labor. Como está escrito:

Seis días trabajarás y harás todo tu trabajo; mas el séptimo día es Shabat para El Eterno, tu Dios; no harás ninguna labor, tú, tu hijo, tu hija, tu esclavo, tu sirvienta, tu animal y tu converso dentro de tus puertas». (Éxodo 20:9–10)

E incluso Adán, el primer hombre, no probó bocado hasta que realizó una labor. Como está escrito:

El Eterno Dios tomó al hombre y lo colocó en el Jardín del Edén, para que lo trabajara y lo cuidara. (Génesis 2:15)

Y a continuación está escrito:

Y El Eterno Dios le ordenó al hombre, diciendo: «De todo árbol del jardín podrás comer». (Génesis 2:15)

(Mishná, tratado de Avot 1:10, mefarshei hamishná)

Los consejos del sabio –zaken–: el termino *zakén* representa sabiduría y también a una persona entrada en años. En el tratado de la Mishná denominado Avot se recomienda aconsejarse con un individuo de 50 años.

La causa es porque una persona de 50 años cuenta con los dos requisitos necesarios para otorgar un buen consejo:

- Inteligencia y poder de razonamiento propios del ser humano.
- Experiencia lograda a través del tiempo.

Es decir, cuando una persona llega a la edad de 50 años, aún posee el razonamiento lúcido como cualquier otra persona más joven. Aunque también se añade lo que aprendió merced a las experiencias que vivió a lo largo de su vida. Debido a ello, su mente se encuentra forjada por ambos factores, razonamiento y experiencia. (Mishná, tratado de Avot 5:21, Kehaty, Meiri)

Espíritu humilde: tal como se enseña en la Mishná: Todo el que posee estas tres características es un discípulo del patriarca Abraham: satisfacción con lo que posee –ain tobá–, espíritu humilde y perfil bajo. (Avot 5:19) Estas tres características confrontan con otras tres que son negativas: la envidia, el honor y la codicia. Pues quien posee satisfacción con lo que posee, no envidia lo de los demás; quien posee espíritu humilde, no persigue los honores; y quien posee perfil bajo, no codicia placeres innecesarios. (Mishná, tratado de Avot 5:19, Kehaty; Jidá)

¿Sabías que...
... cuatro cualidades son impropias para las personas?

- El ocio permanente
- El consejo de impúberes
- La conversación con chiquillos
- La arrogancia

(Reshit Jojmá, Jupat Eliahu Shaar 4:2)

¿Sabías que...
... de cuatro cosas, una es más grave que la otra?

- Una afección al corazón es más grave que una afección al cuerpo.
- Una afección al cerebro es más grave que una afección al corazón.
- Una mala mujer es más grave que todo lo mencionado.
- La falta de dinero es peor que todo.

(Reshit Jojmá, Jupat Eliahu Shaar 4:2; Kohelet Raba 7:26)

¿Sabías que...
... cuatro personas son consideradas como muertos?

- Un pobre
- Un ciego
- Un leproso
- El que no posee hijos

(Reshit Jojmá, Jupat Eliahu Shaar 4:5)

Un pobre, como está escrito:

El Eterno le dijo a Moshé en Midián: «Ve, retorna a Egipto, pues todas las personas que piden por tu vida han muerto». (Éxodo 4:19)

Pero, ¿acaso estaban muertos? Ciertamente no. Estaban vivos. Sólo que se habían vuelto indigentes.

Un ciego, como está escrito:

Me puse en oscuridad, como los muertos de mucho tiempo. (Lamentaciones 3:6)

Un leproso, como está escrito:

Que no sea ella, por favor, como una persona muerta, como quien sale del vientre de su madre con la mitad de la carne consumida. (Números 12:12)

Quien no posee hijos, como está escrito:

Raquel vio que no le había dado hijos a Jacob, y tuvo celos de su hermana; le dijo a Jacob: «Dame hijos, si no soy como una persona muerta». (Génesis 30:1)

¿Sabías que...
... cuatro celebridades de Israel murieron a la edad de 120 años?

- Moshé
- Hilel
- Rabán Iojanán ben Zakai
- Rabí Akiva

Los cuatro individuos citados vivieron tres etapas bien definidas en sus vidas, de cuatro décadas cada una:

Moshé vivió cuatro décadas en Egipto, cuatro décadas en Midián y cuatro décadas en el desierto.

Hilel el anciano subió de Babilonia a Israel poseyendo una edad de cuatro décadas, estudió de los sabios Shemaiá y Avtalión durante cuatro décadas, sustentó espiritualmente a Israel durante cuatro décadas.

Rabán Iojanán ben Zakai trabajó durante cuatro décadas, estudió de sus maestros durante cuatro décadas, sustentó espiritualmente a Israel durante cuatro décadas.

Rabí Akiva también trabajó durante cuatro décadas, estudió de sus maestros durante cuatro décadas, sustentó espiritualmente a Israel durante cuatro décadas.

(Reshit Jojmá, Jupat Eliahu Shaar 4:7)

¿Sabías que...
... existen cuatro tipos de individuos con cualidades dispares?

- El individuo medio
- El ignorante
- El generoso
- El perverso

Aplicación práctica:

El que dice: «Lo mío es mío y lo tuyo es tuyo», es un individuo medio.

El que dice: «Lo mío es tuyo y lo tuyo es mío», es un ignorante, pues no discierne entre lo suyo y lo de su prójimo.

El que dice: «Lo mío es tuyo y lo tuyo es tuyo», es un generoso.

El que dice: «Lo mío es mío y lo tuyo es mío», es un perverso.

(Mishná, tratado de Avot 5:10, Rashi)

¿Sabías que...
... existen cuatro tipos de individuos con temperamentos dispares?

- El que es ligero para enojarse y ligero para calmarse, es más lo que pierde que lo que gana.
- El que es tardo para enojarse y tardo para calmarse, es más lo que gana que lo que pierde.
- El que es tardo para enojarse y ligero para calmarse, es generoso –jasid–.

- El que es ligero para enojarse y tardo para calmarse, es un perverso.

(Mishná, tratado de Avot 5:11)

Explicación:

El que es ligero para enojarse y ligero para calmarse, es más lo que pierde que lo que gana. Pues el beneficio que obtuvo al calmarse rápido tras lo que le hicieron, no le representa demasiada ganancia. Al ser que es propenso a encresparse a cada instante, pierde con rapidez lo que obtuvo. Comportándose de ese modo, causa que las personas se alejen de él.

El que es tardo para enojarse y tardo para calmarse, es más lo que gana que lo que pierde. Pues no se encrespa sino en contadas ocasiones. Eso hace que sea un individuo centrado y coherente en la mayoría de sus acciones.

El que es tardo para enojarse y ligero para calmarse, es generoso –*jasid*–. Las escasas veces que se encrespa siguen una razón bien valedera, y aunque así sea, va en contra de su propia naturaleza. Sin embargo, es muy fácil apaciguar a un individuo de este tipo para que abandone su enojo. Pues se conduce por encima de lo estipulado por los estándares comunes de vida.

El que es ligero para enojarse y tardo para calmarse, es un perverso. Se encrespa permanentemente por cualquier asunto menor. Pese a que intentan apaciguar su ánimo, persiste en su enojo y no cede. Es un perverso. Pues fue estudiado: todo el que se encrespa, con certeza sus faltas son más que sus méritos.

(Nedarim 22ª, Avot 5:11, Kehaty)

¿Sabías que...
... existen cuatro cualidades diferentes entre los estudiantes?

- El que es ligero para escuchar y ligero para olvidar.
- El que es tardo para escuchar y tardo para olvidar.

- El que es ligero para escuchar y tardo para olvidar.
- El que es tardo para escuchar y ligero para olvidar.

El que es ligero para escuchar y ligero para olvidar, es más lo que pierde que lo que gana. Pues si bien es cierto que capta los conceptos a la brevedad, del mismo modo los pierde, por lo que el beneficio de haberlos aprendido no es mucho.

El que es tardo para escuchar y tardo para olvidar, es más lo que gana que lo que pierde. Pues si bien es cierto que le cuesta mucho aprender cada concepto, una vez que está en su poder, lo retiene y no lo olvida con facilidad. Eso le reporta un gran beneficio, superior a lo que debió invertir para lograrlo.

El que es ligero para escuchar y tardo para olvidar, es sabio. Pues sus preciadas facultades que posee le permiten convertirse en sabio con relativa facilidad.

El que es tardo para escuchar y ligero para olvidar, posee una mala virtud. Pues le cuesta mucho aprender cada concepto, y una vez que lo logró, lo pierde con facilidad. Por estos factores no le es posible gozar de grandes beneficios de su estudio.

(Mishná, tratado de Avot 5:12; Kehaty, mefarshei hamishná)

¿Sabías que...
... existen cuatro cualidades diferentes en los que ayudan a los demás?

- El que desea dar pero se opone a que otros den.
- El que desea que otros den y él no está dispuesto a dar.
- El que desea dar y que otros den.
- El que no desea dar y se opone a que otros den.

El que desea dar pero se opone a que otros den, es malicioso con lo de los demás. Pues el objetivo que busca con esta actitud nefasta es ser sólo él quien se lleve los honores por ayudar a los demás.

El que desea que otros den y él no está dispuesto a dar, es malicioso con lo de él. Pues el objetivo que busca con esta actitud es cuidar que no se pierda nada de su propio capital.

El que desea dar y que otros den, es generoso –*jasid*–. Pues se conduce por encima de lo estipulado por los estándares comunes de la sociedad. No impide a los que desean ayudar a los necesitados, a pesar de que se llevarán los debidos honores por hacerlo, y además él mismo lo hace a mano abierta. Sobre él esta escrito:

El generoso aconsejará generosidades, y por generosidades se levantará. (Isaías 32:8)

El que no desea dar y se opone a que otros den, es un malvado. Es tan infame que desalienta toda propuesta de los bienhechores por ayudar a los necesitados, no considerando en absoluto los padecimientos ni la angustia de los pobres. Sobre él está escrito:

Los medios del tramposo son malos; trama maniobras infames para dañar a los afligidos con palabras mentirosas, y para hablar en juicio contra el pobre. (Isaías 32:7)

(Avot 5:13, mefarshei hamishná)

¿Sabías que...
... existen cuatro cualidades diferentes entre los que asisten
a la casa de estudio?

- El que asiste y no hace, recibe la recompensa por asistir.
- El que hace y no asiste, recibe la recompensa por hacer.
- El que asiste y hace, es generoso –*jasid*–.
- El que no asiste ni hace, es un malvado.

El que asiste y no hace, recibe la recompensa por asistir: no presta atención a lo que el maestro explica, o no muestra interés en desarrollar lo que se escuchó. De todos modos, recibe la recompensa por el esfuerzo que se tomó al asistir, ya que asumió la iniciativa de encontrarse en un ambiente de Torá.

El que hace y no asiste, recibe la recompensa por hacer: posee capacidad de estudiar solo, en su casa, y lo hace, sin embargo, pierde la recompensa de asistir a la casa de estudios y participar con la congregación.

El que asiste y hace, es generoso –*jasid*–: pese a que no necesita de mayores explicaciones, dado que sabe estudiar solo perfectamente, y de todos modos asiste a la casa de estudio y participa con la congregación. Se le considera una actitud muy generosa, pues al proceder de este modo genera la impresión como si necesitara de los demás. Este individuo es denominado *jasid* y recibe doble recompensa.

El que no asiste ni hace, es un malvado: pues desprecia a la Torá y a la congregación.

(Mishná, tratado de Avot 5:14, Kehaty)

¿Sabías que...
... existen cuatro cualidades diferentes entre los que aprenden de los sabios?

- El que se impregna
- El que transfiere
- El que retiene
- El que filtra

El que se impregna, almacena todo: se asemeja a una esponja, la cual se impregna de todo líquido con el que toma contacto, ya sea límpido o turbio. Un alumno de estas características incorpora todo lo que escucha sin discernir entre lo correcto y lo erróneo.

El que transfiere, lo incorpora por aquí y lo arroja por allí: se asemeja a un embudo, todo lo que se le ingresa por aquí, por el orificio superior, es transferido a un recipiente que se encuentra abajo por allí, el orificio inferior. Un alumno de estas características olvida rápidamente lo que aprendió, no reteniendo prácticamente ninguna enseñaza en su interior.

El que retiene, extrae el vino y expulsa la borra: se asemeja a un cedazo, que retiene la borra y deja pasar el vino. Un alumno de este tipo retiene lo que es accesorio y deja escapar lo trascendental e importante.

El que filtra, libera el polvillo y retiene la harina: este tipo de alumno discierne entre lo correcto y lo incorrecto, seleccionando perfectamente lo que debe ser incorporado a su mente como válido y certero.

(Mishná, tratado de Avot 5:15, Kehaty)

VI

ENIGMAS DEL NÚMERO 5

¿Sabías que...
... cinco tipos de individuos son rechazados por los ideales
comunes de la sociedad?

- El menesteroso que se engríe
- El rico que discute
- El anciano que se corrompe sexualmente
- El dirigente de la comunidad que se ensoberbece
- El que se divorcia de su mujer dos y tres veces y la vuelve a tomar por esposa

(Reshit Jojmá Jupat Eliahu shaar jamishá 1)

¿Sabías que...
... el ajo posee cinco propiedades preponderantes?

- Calienta el cuerpo
- Sacia
- Otorga fulgor al rostro
- Aumenta el semen
- Elimina los parásitos intestinales

(Reshit Jojmá Jupat Eliahu shaar jamishá 1)

¿Sabías que...
... el vino embriagante causa cinco efectos negativos?

- Afecta a la cabeza
- Afecta a los ojos
- Afecta al cuerpo
- Afecta a la simiente
- Afecta al vigor

(Reshit Jojmá Jupat Eliahu shaar jamishá 3)

¿Sabías que...
... el día 17 del mes hebreo *Tamuz* acontecieron cinco hechos
desagradables a nuestros antepasados y por eso se ayuna en esa fecha?

- Fueron quebradas las Tablas de la Ley
- Fue anulado el Sacrificio Continuo
- Fue invadida la ciudad de Jerusalén
- Apostomus quemó el rollo de la Torá
- Apostomus irguió un ídolo en el atrio

Fueron quebradas las Tablas de la Ley: Moshé hizo esto tras contemplar que el pueblo había realizado un objeto de culto idolatra. Como está escrito:

Ocurrió que cuando se acercó al campamento y vio el becerro y los bailes, se encendió la ira de Moshé y arrojó las Tablas de sus manos y las quebró al pie de la montaña. Tomó el becerro que habían hecho y lo hizo arder en el fuego. Lo molió hasta convertirlo en polvo fino, y lo esparció sobre el agua e hizo que bebieran los Hijos de Israel. (Éxodo 32:19–20)

Fue anulado el Sacrificio Continuo: este hecho tuvo lugar previamente a la destrucción del Templo Sagrado. En ese período Jerusalén se encontraba sitiada y debido a ello no poseían ovinos para ofrecer sobre el Altar.

Fue invadida la ciudad de Jerusalén: derivando en la destrucción del Segundo Templo Sagrado.

Apostomus quemó el rollo de la Torá: se trataba de un ejemplar único y especial. El mismo había sido escrito por Ezra, el escriba que lideró al pueblo de Israel en su retorno a la Tierra Prometida. Este hecho aconteció tras permanecer durante 70 años en el exilio babilónico. El citado rollo se encontraba dispuesto en un sitio selecto en el atrio del Templo Sagrado. Era un original que había sido cuidadosamente elaborado. Su escritura se concretó respetando puntillosamente cada detalle que se disponía del rollo original escrito por Moshé. Este rollo de la Torá era el modelo que se consultaba para corregir todos los demás. Por esa razón, cuando este ministro griego lo quemó, hubo una gran congoja en el pueblo de Israel.

(Talmud, tratado de Taanit 26b; Mishná Taanit 4:6,
Tiferet Israel)

Apostomus irguió un ídolo en el atrio –*Heijal*–: en días del Segundo Templo Sagrado. Este hecho aconteció tras la invasión de los griegos a Jerusalén, quienes conquistaron la ciudad y profanaron el Templo. Aunque posteriormente los Hijos de Israel se recompusieron, presentaron batalla, y expulsaron al invasor.

(Mishná Taanit 4:6; Talmud, tratado de Taanit 26b;
mefarshei hatalmud)

¿Sabías que...
... el que lesiona a su compañero debe indemnizarlo
por cinco asuntos?

- Daño físico
- Aflicción
- Curación

- Cesantía
- Vergüenza

(Mishná Babá Kamá 8:1)

¿Sabías que...
... cinco géneros de ofrendas son presentadas con impureza pero no
son comidas con impureza?

Esto es así cuando los sacerdotes o los instrumentos de servicio están impuros por haber tenido contacto con un cadáver. La razón de esta autorización se debe a que el tiempo que les fue asignado es fijo. Aunque respecto a su ingestión, no se permite mientras se permanece en estado de impureza.

Éstas son las cinco ofrendas señaladas:

- La ofrenda de cebada denominada *Omer,* que se presenta el día 16 de Nisán, para permitir el consumo y la utilización de la nueva cosecha.
- Los dos panes de trigo que se presentan en la festividad de Shavuot. Como está escrito:

Desde vuestros lugares de residencia traeréis pan que será agitado, dos hogazas hechas de dos décimos de *efá,* serán de sémola, horneadas con levadura; primicias para El Eterno. (Levítico 23:17)

- Los doce panes denominados *lejem hapanim,* que se disponían cada Shabat sobre la mesa del Lugar Santo en el Templo Sagrado. Como está escrito:

Tomaréis sémola y hornearás con ella doce panes; cada pan será de dos décimos de *efá.* Los colocaréis en dos hileras, seis en cada hilera, sobre la Mesa pura, ante El Eterno». (Levítico 24:5–6)

Cuando culminaba el Shabat, los panes se cambian por otros, y eran repartidos entre los sacerdotes de la guardia saliente y la entrante.

- Las ofrendas públicas de paz que se presentaban con los dos panes en la festividad de Shavuot. Como está escrito:
Ofrendaréis un macho cabrío como sacrificio expiatorio y dos corderos en su primer año como ofrendas de paz. (Levítico 23:19)
- Los chivos de principio de mes que se ofrecían como sacrificio expiatorio. Como está escrito:
También se hará un macho cabrío por sacrificio expiatorio para El Eterno y su libación, además de la ofrenda ígnea continua. (Números 28:15)

(Mishná Pesajim 7:4, mefarshei hamishná)

¿Sabías que...
... cinco hechos ingratos acontecieron a nuestros antepasados el día nueve del mes hebreo Av?

El nueve de Av se decretó a nuestros antepasados que no ingresarían a la Tierra de Israel. En el Talmud se explica: el veintinueve de Siván Moshé envió a los exploradores para inspeccionar la Tierra Prometida. Tras la campaña: «Retornaron de explorar la tierra al cabo de cuarenta días». (Números 13:25) Esos cuarenta días culminaron el 8 de Av. Y a continuación está escrito:

Toda la congregación se levantó y dieron sus voces y lloró el pueblo esa noche. (Números 14:1)

O sea, en la noche del nueve de Av. Al contemplar esta actitud infiel y de incredulidad con respecto al poder de El Eterno para hacerles conquistar la Tierra Prometida, El Eterno les dijo: «Vosotros llorasteis un llanto vano, yo establezco para vosotros un llanto por las generaciones».

El nueve de Av fue destruido el Templo Sagrado por primera vez y también por segunda vez. La primera vez, como está escrito:

Y en el mes quinto *a siete del mes,* que es el año diecinueve del reinado de Nabucodonosor rey de Babilonia vino
Nebuzradán… e incendió la casa de El Eterno y la casa del rey».
(II Reyes 25:8)

Y también está escrito:

Y en el mes quinto a *diez del mes* que es el año diecinueve del
reinado de Nabucodonosor… vino Nebuzradán… e incendió la
casa de El Eterno y la casa del rey. (Jeremías 52:12)

En el Talmud se analizó:

«Es imposible decir en siete porque ya se había dicho diez, y
es imposible decir diez porque ya se había dicho siete. Siendo así
¿cómo se entiende esta dificultad que surge a partir de los versículos? La respuesta es, que el siete de Av ingresaron los invasores al
atrio, allí comieron y dañaron el siete, el ocho, y el nueve. Hacia
el anochecer, encendieron el fuego, y éste permaneció encendido
durante todo el día». Respecto a la destrucción del Templo Sagrado
por segunda vez en la misma fecha, se debió a que: «Los méritos
recaen en un día de méritos y las tragedias en un día de tragedias».

El nueve de Av fue conquistada la ciudad de Beitar. Este hecho
ocurrió en la época en que tenían lugar las guerras de Bar Cojba
contra los romanos. Maimónides señaló: «Cuando la ciudad de
Beitar fue conquistada, estaba habitada por decenas de miles de
miembros de Israel, los cuales eran gobernados por un gran rey.
A los pobladores y también a los sabios les pareció que se trataba
del rey Mesías. Pero cayó en manos de los romanos y fueron todos
asesinados. Como consecuencia de la tragedia, sobrevino una aflicción tan grande como la que tuvo lugar en la época de la destrucción del Templo Sagrado». (Maimónides, leyes de ayunos 5:3)

El nueve de Av fue removida la tierra de Jerusalén. Pues los
pueblos idólatras la dejaron como si fuese un campo labrado.
Como se dijo:

Tzión campo labrado. (Jeremías 26:18)

(Mishná Taanit 4:6)

¿Sabías que...
... cinco cosas provocan que lo aprendido sea olvidado?

- El que come de un alimento que fue comido por un ratón o de lo que comió un gato
- El que come del corazón de un animal
- El que ingiere aceitunas con asiduidad
- El que bebe agua que fue utilizada para bañarse
- El que lava sus pies uno sobre el otro

(Talmud, tratado de Oraiot 13b)

¿Sabías que...
... cinco cosas ayudan a memorizar lo que se aprende?

- Pan de trigo –a la brasa–
- Comer huevo pasado por agua sin sal
- Ingerir con asiduidad aceite de oliva
- Beber vino frecuentemente –en medida– y oler fragancias aromáticas
- Beber el agua que quedó de una masa elaborada

(Talmud, tratado de Oraiot 13b)

¿Sabías que...
... Rabí Akiva le enseñó cinco cosas a Rabí Shimón estando
preso en la cárcel?

En el Talmud se narra que el emperador romano había emitido un decreto prohibiendo el estudio de la Torá. Sin embargo, Rabí Akiva hizo caso omiso a la ordenanza y convocó a las masas y les enseñó en público. Esto fue así hasta que fue detenido y puesto en prisión en la ciudad de Kesarin. (Talmud, tratado de Berajot 61) Cuando esto aconteció, el emperador recibió un correo urgente. En el mismo se le informaba que el rey de Arabia había comenzado una incursión en las tierras que estaban bajo su dominio, evidenciando serias intenciones de sublevarse. El mandatario decidió viajar al sitio de la emboscada de inmediato. No obstante, antes de partir, ordenó colocar a Rabí Akiva en la cárcel. A su regreso decidiría qué hacer con él.

En aquellos días, los estudiosos de la Torá corrían un gran peligro. Aunque eso no importó a Rabí Shimón, quien se dirigió a la cárcel en la cual se hallaba su maestro. Al llegar, le solicitó que le enseñara Torá. Rabí Akiva se negó a hacerlo, pues no estaba de acuerdo en poner en riesgo la vida de su tierno alumno. Rabí Shimón al escuchar le dijo: «Si no me enseñas Torá, le contaré a Iojai, mi padre y te entregará al gobierno». Rabí Akiva le respondió: «Hijo mío, más de lo que el becerro desea amamantarse, la vaca pretende amamantarlo». Y agregó: «Yo deseo fervientemente transmitirte el estudio, pero existe un gran peligro». Rabí Shimón le dijo: «Tú ya fuiste atrapado por los maliciosos romanos, y el peligro recae sólo sobre mí, y yo manifiesto abiertamente mi deseo de entregar mi alma a cambio de que me enseñes Torá». Rabí Akiva al apreciar la decisión total de su alumno, accedió a la petición y le enseñó cinco cosas:

- Si deseas estrangular, cuelga de un árbol bien alto. Es decir: Si deseas enseñar algo, y que las personas lo escuchen y acepten, estúdialo de un gran maestro y pronuncia la enseñanza en su nombre.

- Cuando enseñes a tu hijo, hazlo de un libro revisado y corregido. Pues el error que ingresa en el estudio del niño, echa raíces y queda registrado en su memoria. No se apartará de él incluso cuando envejezca.

- No cocines en la olla en la que cocinó tu compañero. Es decir, no te cases con una mujer divorciada. Pues no todos los «dedos» son iguales. Ella recordará las vivencias que tuvo con el primero, y si no la satisfaces como él lo hizo, te odiará.

- Si deseas cumplir un gran precepto y además obtener ganancias, come frutas sin pagar. Es decir, presta a tu compañero dinero por tierra, y cóbrale de las frutas que consumes poco a poco. Resulta que obtienes buenas ganancias, adquiriendo las frutas a un precio bajo, y además se trata de un precepto, pues tu compañero necesita el dinero que le prestaste para adquirir mercancía.

- Realizar un precepto y mantener el cuerpo puro significa casarse con una mujer y tener hijos.

(Talmud, tratado de Pesajim 112)

¿Sabías que...
... Rabí Iojanan ben Zakai poseía cinco alumnos destacados?

El erudito los envió para que investigasen la virtud más importante a la que la persona debe apegarse para ser un individuo ejemplar. Y ellos tras investigar, expusieron la respuesta que habían hallado:

- Rabí Eliezer dijo: «Debe poseerse buen ojo». Esto es así porque a través de ello, la persona se contenta con lo que posee, y también se alegra con los logros de los demás. De esta manera este individuo ama a todos y es amado por todos. Así estará ligado a la raíz misma de todas las buenas cualidades existentes en el mundo: el amor por todo el mundo.

- Rabí Ieoshúa dijo: «Debe uno ser un buen compañero». De este modo provocará que los demás lo sean también con uno. Este medio le permitirá alcanzar la raíz de todas las cualidades.

- Rabí Iosei dijo: «Hay que ser un buen vecino». De este modo la persona se habitúa a ser considerada y bondadosa con todos. Con aquel que viene con una solicitud, una queja, o un reclamo. Así irá forjando su conducta adecuadamente, pudiendo alcanzar la raíz de todas las cualidades.

- Rabí Shimón dijo: «Debe observarse el nacimiento». Es decir, ver desde un comienzo, aun antes proceder, qué es lo que

sucederá con ese acto que uno se dispone a realizar. De esa
manera uno sabrá si debe ejecutar lo que pensó o abstenerse.

- Rabí Elazar, dijo: «Debe poseerse un buen corazón». Esto es
así porque todas las cualidades nacen en el corazón. Por eso,
aquel que posee un buen corazón, todas sus cualidades son
buenas.

(Mishná Pirkei Avot 2:9, mefarshei hamishná)

¿Sabías que...
... el alma posee cinco nombres?

- *Nefesh*
- *Ruaj*
- *Neshamá*
- *Jaiá*
- *Iejidá*

Nefesh es la sangre. Como está dicho:

Solamente, sé fuerte para no comer la sangre, pues la sangre
es la vida –*nefesh*–, y no comerás la vida junto con la carne.
(Deuteronomio 12:23)

Ruaj, porque asciende mientras la persona duerme y desciende cuando se despierta. Como está dicho:

¿Quién sabe que el espíritu –*ruaj*– de los hijos de los hombres sube arriba? (Eclesiastés 3:21)

Neshamá, es la tendencia natural, el carácter y temperamento
del individuo. Tal como las personas suelen decir acerca de un
hombre que lo merece: «Su carácter es bueno». Respecto al calificativo *neshamá*, proviene de la palabra *neshimá,* que significa
respiración, y tal como su nombre lo indica, determina el ritmo
de las respiraciones.

Jaiá, significa vida, porque todos los órganos son exánimes y
sólo ella posee vida en el cuerpo otorgándoles vida a la totalidad
de los órganos que componen el organismo.

Iejidá significa única, porque todos los órganos están dispuestos de par en par en el cuerpo, ya sea pares propiamente, o compuestos de derecha e izquierda, mas ella es única y está sola en el cuerpo, sin poseer ningún compuesto.

(Midrash Raba Bereshit 14:9)

¿Sabías que...
... las 22 letras del alfabeto hebreo se originan en cinco sectores específicos de la boca?

- El primer sector se encuentra en lo más profundo de la boca, donde comienza la garganta. Las letras que allí se originan son post–alveolares. Las letras que surgen de ese sector son: *alef, he, jet, ain.*

- El segundo sector se halla donde se ubican los labios. Las letras que allí se originan son labiales. Las letras que surgen de ese sector son: *bet, vav, mem, pe.*

- El tercer sector se halla en un tercio de la lengua. Las letras que allí se originan son velares. Las letras que surgen de ese sector son: *guimel, yud, caf, kuf.*

- El cuarto sector se encuentra en el comienzo de la lengua. Las letras que allí se originan son dentales. Las letras que surgen de ese sector son: *dalet, tet, lamed, nun, tav.*

- El quinto sector se ubica entre los dientes y la lengua. Las letras que allí se originan son alveolares. Las letras que surgen de ese sector son: *zain, samej, shin, reísh, tzadi.*

(Sefer Haietzirá Cáp. 2, Mishná 3)

VII

ENIGMAS DEL NÚMERO 6

- El estornudo
- La transpiración
- Exonerar el vientre con soltura
- La efusión ocasional del semen
- El dormir
- El sueño

(Talmud, tratado de Berajot 57b)

¿Sabías que...

... Dios le ordenó a Adán, el primer hombre, cumplir seis ordenanzas?

- No idolatrar
- No maldecir a Dios
- No derramar sangre
- No mantener relaciones prohibidas
- No robar
- Juicios

(Maimónides leyes de reyes 9:1)

Éstas son las tres cosas respecto a las cuales concordaron con él:

- Arrastró los huesos de su padre sobre una cama de cuerdas.
- Trituró la serpiente de cobre que había hecho Moshé.
- Enterró el libro de las curaciones.

Arrastró los huesos de su padre, el rey Ajaz, que era perverso y malicioso, sobre una cama de cuerdas. Hizo esto en vez de proporcionarle una sepultura honorífica, colocándolo en un fastuoso ataúd, como es costumbre de los demás reyes. Procedió de este modo con la intención de que la vergüenza atravesada le sirviera de expiación. También por causa de la santificación del nombre de Dios, que fue vituperado por su perversidad y causó la rebelión de los malvados.

Trituró la serpiente de cobre que había hecho Moshé. Como está escrito:

Él quitó los altares, quebró los monumentos, escindió los símbolos de Asherá, y trituró la serpiente de cobre que había hecho Moshé, porque hasta aquellos días los hijos de Israel le quemaban incienso. (II Reyes 18:4)

Enterró el libro de las curaciones. La razón fue porque en aquellos tiempos el corazón de los individuos no se subyugaba por las enfermedades, sino que se curaban inmediatamente. Es decir, poseían un libro de curaciones, cuya autoría se atribuye al rey Salomón, y siguiendo las indicaciones que hallaban escritas en el mismo obtenían el remedio para su dolencia.

Éstas son las tres cosas en las cuales no concordaron con él:

- Desmanteló las puertas del Templo Sagrado.
- Obstruyó las aguas del Guijón Superior.
- Decretó que el mes de Nisán sea bisiesto en Nisán.

Desmanteló las puertas del Templo Sagrado y se las envió al rey de Asiria. Como está escrito:

En ese momento Ezequías quitó el oro de las puertas del Templo de El Eterno y de los quiciales que el mismo rey Ezequías había cubierto de oro, y lo entregó al rey de Asiria. (II Reyes 18:16)

Es decir, que quitó de las puertas el revestimiento de oro y lo envió al rey de Asiria para apaciguarlo, para que no entrara en guerra con él.

Sin embargo, debería haber confiado en Dios, en lugar de proceder de ese modo. Por tal razón los sabios no concordaron con él en este hecho.

Obstruyó las aguas del Guijón Superior. Hizo esto con el fin de que no hubiera aguas disponibles para las tropas de Asiria. Como está escrito:

Y él, Ezequías, obstruyó la saliente del agua del arroyo Guijón Superior». (II Crónicas 32:30)

Y también está escrito:

Y obstruyeron todos los manantiales y el arroyo que fluye hacia dentro de la tierra diciendo: «¿Por qué va a venir el rey de Asiria y hallar agua en abundancia?». (II Crónicas 32:4)

Los sabios no estuvieron de acuerdo con él porque debería haber confiado en Dios, tal como se lo comunicó el profeta Isaías, al decirle: «Así dijo El Eterno, el Dios de David tu padre: "He oído tu plegaria, y he visto tus lágrimas; he aquí que te sano, al tercer día subirás a la casa de El Eterno. Y añadiré a tus días quince años, y te salvaré de mano del rey de Asiria, a ti y a esta ciudad; y protegeré a esta ciudad por amor a Mí mismo, y por amor a David mi siervo"». (II Reyes 20:5–6)

Decretó que el mes de Nisán sea bisiesto en el mes de Nisán mismo, lo cual no puede hacerse de acuerdo con la ley.

(Mishná, tratado de Pesajim 4:9, Rashi)

¿Sabías que...
... la Mishná se conforma de seis volúmenes?

- El primer volumen se denomina *Sembrados –Zeraim–*. Incluye tratados que abordan los preceptos relacionados con la tierra y la siembra. Por ejemplo: mezclas de granos y otras especies, el Año de Remisión, los frutos de los tres primeros años, las ofrendas de la cosecha y los diezmos.

- El segundo volumen se denomina *Plazos –Moed–*. Incluye tratados que abordan los preceptos relacionados con las festividades, y demás plazos ordenados por Dios.

- El tercer volumen se denomina *Mujeres –Nashim–*. El mismo incluye tratados que abordan los preceptos relacionados con las leyes de convivencia conyugal, y sus derivados. Entre ellos: las leyes relacionadas con los documentos de casamiento –*ketuvá*– y documentos de divorcio –*guitin*–.

- El cuarto volumen se denomina *Daños –Nezikin–*. El mismo incluye tratados que abordan los preceptos relacionados con las contiendas entre un individuo y su prójimo, los pleitos comerciales, las disputas por tierras, y demás asuntos afines.

- El quinto volumen se denomina *Santidades –Kadashim–*. El mismo incluye tratados que abordan los preceptos relacionados con las ofrendas que se llevaban al Templo Sagrado.

- El sexto volumen se denomina *Purezas –Taarot–*. El mismo incluye tratados que abordan los preceptos relacionados con la pureza e impureza.

¿Sabias que…
… la primera palabra del Pentateuco posee seis letras?

En el original en hebreo, la primera palabra que aparece en el Pentateuco se encuentra al comienzo del Génesis y es *Bereshit*. Está compuesta por seis letras: *bet, reish, alef, shin, yud, tav*. Estas letras aluden a los seis días de trabajo de la semana.

(Daat Zekenim mibaalei hatosafot)

¿Sabías que…
… los ángeles celestiales poseen seis alas?

• Dos las utilizan para volar
• Dos las utilizan para cubrir sus rostros
• Dos las utilizan para cubrir sus pies

(Isaías 6:2)

¿Sabías que...
… los hombres poseen seis particularidades: tres semejantes a los animales y tres semejantes a los ángeles celestiales?

Como los animales:
• Comen y beben
• Se multiplican
• Exoneran el vientre

Como los ángeles:
• Poseen capacidad de entendimiento
• Marchan erguidos
• Hablan la Lengua Santa

(Abot de Rabi Natan 37:2)

¿Sabías que...
... los demonios poseen seis particularidades, tres semejantes a los
hombres y tres semejantes a los ángeles celestiales?

Como los hombres:
- Comen y beben
- Se multiplican
- Mueren

Como los ángeles:
- Poseen alas
- Conocen el futuro
- Van de un confín del mundo al otro

(Abot de Rabi Natan 37:3)

¿Sabías que...
... seis cosas antecedieron al mundo?

Esta enseñanza se aprende de la primera expresión que aparece
en el Pentateuco. Está escrito:

En principio –*Bereshit*– creó Dios. (Génesis 1:1)

La palabra *Bereshit*, puede ser separada en dos y leerse *bará
shit*, o sea, «creó seis». Indica que seis cosas antecedieron a la
creación del universo. Algunas de ellas fueron creadas previamente a la creación del universo físico, en tanto algunas de ellas
sólo ascendieron al pensamiento de Dios para ser creadas.

La Torá y el Trono de la Gloria, fueron creados previamente
a la creación del universo. La Torá, como está dicho:

El Eterno me creó en el principio de la creación. (Proverbios
8:22)

El Trono de la Gloria, como está dicho:

Tu Trono está dispuesto desde entonces. (Salmos 93:2)

Los patriarcas, Israel, el Templo Sagrado y el nombre del Mesías
sólo ascendieron al pensamiento de Dios para ser creados.

Los patriarcas, como está dicho:

Como las uvas en el desierto las cuales son extraordinariamente preciadas para quien las encuentra, hallé a Israel, como a la primicia de la higuera, al comienzo, he visto a vuestros patriarcas. (Oseas 9:10)

El pueblo de Israel, como está dicho:

Recuerda tu congregación, a la que adquiriste desde antaño. (Salmos 74:2)

El Templo Sagrado, como está dicho:

El Trono de la Gloria que está en las alturas celestiales, fue dispuesto desde el principio, y así el sitio de nuestro Templo Sagrado. (Jeremías 17:12)

El nombre del Mesías, como está dicho:

Su nombre permanece por siempre. (Salmos 72:17)

(Midrash Raba Bereshit 1:4)

¿Sabías que...

... existen seis cosas que proporcionan a la persona frutos para comer en este mundo y el capital le queda íntegro para el mundo venidero?

- La recepción de huéspedes
- Visitar a los enfermos
- Concentrase en la plegaria
- Madrugar para ir a la casa de estudios
- Instruir a los hijos de acuerdo con las enseñanzas de la Torá
- Juzgar al prójimo meritoriamente

(Talmud, tratado de Shabat 127a)

¿Sabías que...

... seis milenios existirá el mundo en el estado actual?

Rav Ketina dijo: «Seis mil años existirá el mundo». (Talmud, tratado de Rosh Hashaná 31a) Se alude a este hecho en numerosas citas bíblicas y enseñanzas de la Torá oral. El primer versículo del Pentateuco en su original en hebreo posee seis letras *alef.* Dado que *alef* se puede leer también *elef* que significa mil, resulta que alude a los seis mil años que existirá este mundo. (Daat Zekenim mibaalei hatosafot en Génesis 1:1)

Por otra parte, el Pentateuco que es el plano del universo fue escrito mediante las letras del alfabeto hebreo. Sumando los valores numéricos de la totalidad de las mismas, e incluyendo la cantidad de libros que forman el Pentateuco, se obtiene la cifra de seis mil. Veamos:

Éstas son las letras que representan unidades: *alef* = 1, *bet* = 2, *guimel* = 3, *dalet* = 4, *he* = 5, *vav* = 6, *zain* = 7, *jet* = 8, *tet* = 9.

Éstas son las letras que representan decenas: *yud* = 10, *caf* = 20, *lamed* = 30, *mem* = 40, *nun* = 50, *samej* = 60, *ain* = 70, *pe* = 80, *tzadi* = 90.

Éstas son las letras que representan centenas: *kuf* = 100, *reish* = 200, *shin* = 300, *tav* = 400, *caf* final = 500, *mem* final = 600, *nun* final = 700, *pe* final = 800, *tzadi* final = 900.

Existe además una variante de la letra *alef,* denominada *alef rabatí,* cuyo valor es 1.000.

Sumando todos estos valores resulta un producto de 5.995. Añadiéndole los cinco libros del Pentateuco se obtiene el valor 6.000.

(Malaj Raziel)

¿Sabías que...
... en la noche de la festividad de Pesaj se colocan seis productos
en el plato?

En la noche de Pesaj se debe realizar un orden especialmente establecido que contiene un total de quince pasos. Para cumplirlos se requieren cuatro copas de vino, tres panes ácimos y seis productos dispuestos en el plato: un huevo, en memoria de la ofrenda festiva denominada Jaguigá; un trozo de ave asado, en memoria del sacrificio de Pesaj, que se comía asado; hierbas amargas, que recuerdan la amarga esclavitud de Egipto; un trozo de apio, que se sumerge en agua con sal (es necesario purificarse las manos); un preparado denominado *jaroset*, a base de manzanas y nueces, que se asemeja al barro que los Hijos de Israel debían realizar para cumplir con los trabajos forzados de construcción, a los que eran sometidos por los egipcios; lechuga para introducir en el medio de dos trozos de pan ácimo y comerlo en recuerdo del pan de la aflicción.

(*Véase* Hagadá de Pesaj, mefarshé hagadá)

¿Sabías que...
... para construir una casa se necesitan seis elementos?

Rabí Ieoshúa ben Levi dijo en nombre de Rabí Levi: «Uno que construye una vivienda requiere seis elementos: agua y tierra, maderas, piedras, cañas, y hierro». E incluso si se trata de una persona acaudalada que no requiere cañas para techar, porque utilizará maderas, de todos modos las necesitará, para tomar las medidas. Como está escrito:

Un cordón de lino en su mano –el cordón de lino es el elemento más propicio para realizar la medición del suelo– y la caña de medición –para medir el espesor de los muros, más el largo y ancho de los portones. (Ezequiel 40:3)

(Midrash, Bereshit Raba 1:8)

VIII

ENIGMAS DEL NÚMERO 7

¿Sabías que...
... existen siete preceptos universales?

Dios entregó los seis primeros a Adán, y el séptimo a Noé.
A Adán le ordenó:

- No idolatrar
- No maldecir a Dios
- No derramar sangre
- No mantener relaciones prohibidas
- No robar
- No hacer juicios

(Maimónides, leyes de reyes 9:1)

A Noé le añadió:

- No comer partes de un animal mientras está vivo. Es decir, arrancar una parte y comer.

(Maimónides leyes de reyes 9:5)

¿Sabías que...
... existen siete creaciones, una por encima de la otra en un aspecto,
y una por encima de la otra en otro aspecto?

Estos dos aspectos son: el físico y el que concierne con la relevancia del ente creado.

93

- Por encima de todo, Dios creó al firmamento.
- Por encima del firmamento creó las estrellas que iluminan el mundo.
- Por encima de las estrellas creó a los árboles, los cuales producen frutos, en tanto que las estrellas no producen frutos.
- Por encima de los árboles creó malos espíritus, los cuales van de un lugar a otro, en tanto que los árboles no se mueven de su sitio.
- Por encima de los malos espíritus creó a los animales, los cuales producen y comen, en tanto que los malos espíritus no producen ni comen.
- Por encima de los animales creó al hombre, el cual posee sabiduría, en tanto que los animales no poseen sabiduría.
- Por encima del hombre creó a los ángeles celestiales, los cuales se dirigen de un confín del mundo al otro, en tanto que con el hombre no es así.

(Abot de Rabí Natán 37:1)

¿Sabías que...
... existen siete cosas que en una gran proporción son malas, pero en una proporción acorde son buenas?

- Vino
- Trabajo
- Sueño
- Riqueza
- Camino
- Agua caliente
- Extraerse sangre

(Abot de Rabí Natán 37:5)

El primer nivel se denomina *Vilón,* el cual actúa como filtro de los rayos solares durante el día.

Luego se ubica el nivel denominado *Rakía.* En éste están dispuestos el Sol, la Luna, los astros y las estrellas.

El tercer nivel se denomina *Shejakim.* Aquí se procesa el alimento espiritual –*maná*–, para los justos.

El cuarto nivel se denomina *Zebul,* en el que se encuentran en estado espiritual: Jerusalén, el Templo Sagrado y el Altar.

El quinto nivel se denomina *Maón,* donde se encuentran las huestes de ángeles que entonan cánticos de alabanza al Todopoderoso por las noches, y de día hacen silencio en honor de los miembros de Israel, quienes alaban al Todopoderoso en la Tierra.

El sexto nivel se denomina *Majón.* Aquí hay innumerables depósitos de elementos para castigo –nieve y granizo, nubes malas, túnel de vaho–. Estos depósitos son espirituales, y debido a que están designados para castigar, sus entradas son de fuego –espiritual–.

El séptimo nivel se denomina *Arabot.* En él se encuentran la justicia y la rectitud, los depósitos de vida, los depósitos de paz, los depósitos de bendición, las almas de los justos que ya fallecieron, los espíritus, las almas que en el futuro han de nacer, y el rocío con el que el Eterno revivirá a los muertos.

(Talmud, tratado de Jaguigá 12b)

¿Sabías que...
... existen siete portales del alma que reciben la influencia
y la afluencia del exterior?

El erudito Elías de Vilna explicó que los mismos corresponden con los siete órganos que comunican el interior de la persona con el exterior. Es decir: los dos ojos, los dos oídos, las dos fosas nasales y la boca.

Cada uno de estos órganos posee correspondencia directa con una de las letras del nombre de Dios, el Tetragrama, el cual se escribe mediante las letras hebreas *yud, he, vav, he.*

Los ojos corresponden con la letra *yud* del nombre de Dios, los oídos corresponden con la letra *he* del nombre de Dios, las fosas nasales corresponden con la letra *vav* del nombre de Dios, y la boca corresponde con la letra *he* del nombre de Dios.

(*Véase* Sefer Ietzirá, Mishna 4, Agrá)

¿Sabías que...
... las llagas impuras sobrevienen a la persona por siete factores?

- Habladurías
- Derramamiento de sangre
- Jurar en falso
- Relaciones prohibidas
- Altanería
- Latrocinio
- Avaricia

(Talmud, tratado de Arajin 16a)

¿Sabías que...
... siete asuntos están encubiertos de la persona?

- El día de su muerte.
- El día de su consuelo –de las aflicciones que atraviesa–.
- La profundidad del juicio por sus actos.
- Cuál será el medio que le permitirá obtener ganancias.
- Qué hay en el corazón de su compañero.
- Las características del embarazo de su esposa –si será inteligente, tonto, rico, pobre, etc.

- Cuándo caerá el gobierno de Edom en manos del Mesías.

(Midrash, Kohelet Raba 11:5)

¿Sabías que...
... el individuo inmaduro posee siete características?

- Emite juicio ante quien es más grande que él.
- Se entromete en la conversación de su compañero cuando éste habla con otro.
- Se precipita al responder.
- Pregunta sobre cualquier tema, aunque nada tenga que ver con el asunto que se está tratando, e impide al maestro brindar una respuesta idónea.
- Si le preguntan dos o más asuntos simultáneamente, responde sin respetar ningún orden.
- Si emite una reflexión propia, y no la escuchó de boca de un maestro, lo que le posibilitaría poseer una fuente sólida para que su mención sea aceptada sin atenuantes, no reconoce que no escuchó al respecto.
- Cuando un compañero discrepa con él y se percata de que tiene razón, es obstinado y no reconoce la verdad.

(Mishná, tratado de Avot 5:7)

¿Sabías que...
... el sabio posee siete características?

- No emite juicio ante quien es más grande que él.
- No se entromete en la conversación de su compañero cuando éste habla con otro.
- No se precipita al responder.
- Pregunta de acuerdo con el tema que se está tratando y debido a eso el maestro, que se encuentra concentrado en el mismo, responde acorde a la ley.

- Si le preguntan dos o más asuntos simultáneamente, responde en el debido orden.
- Si emite una reflexión propia, y no la escuchó de boca de un maestro, lo que le posibilitaría poseer una fuente sólida para que su mención sea aceptada sin atenuantes, reconoce y dice: «No escuché al respecto».
- Cuando un compañero discrepa con él y se percata de que tiene razón, reconoce la verdad sin ningún tipo de obstinaciones.

(Mishná, tratado de Avot 5:7)

¿Sabías que...
... el Mesías en su venida mostrará al pueblo de Israel siete realidades?

- El Trono de Gloria
- La condición de Koraj y su clan
- El Jardín del Edén
- El Árbol de la Vida
- El Infierno
- Todos los justos
- Los vivos y los muertos

(Reshit Jojmá Jupat Eliahu shaar 7:1)

¿Sabías que...
... siete individuos no fueron sometidos por el mal instinto?

- Abraham
- Itzjak
- Jacob
- Janoj
- Moshé
- Ishai
- David

(Reshit Jojmá Jupat Eliahu shaar 7:2)

¿Sabías que...
... siete tipos de ladrones fueron creados en el mundo?

- El que roba el pensamiento de las personas, haciéndoles creer una cosa cuando en su interior trama otra.
- El que es insistente con su compañero invitándolo, pero en verdad no desea invitarlo.
- El que insiste en convidarlo y sabe que el otro no va a aceptar.
- El que abre un barril de vino nuevo, simulando que es en honor de su huésped, cuando en verdad lo tiene vendido. Cabe aclarar que en aquellos tiempos los barriles de vino permanecían cerrados para conservar el producto en óptimo estado. Cuando se presentaba una ocasión que lo merecía, como la presencia de un huésped distinguido, el anfitrión abría el barril para servirle vino fuerte. La desventaja era que el resto que quedaba en el barril que ya fue destapado perdería la calidad y fuerza originales. El individuo de nuestro caso cuando abrió el barril, no lo hizo por el huésped, tal como lo mostró, sino porque ya lo tenía vendido y debía entregarlo al comprador.
- El que adultera las medidas y miente en el peso.
- El que entremezcla semillas de calidad inferior con las de mejor calidad, de modo que no se note a simple vista y las pueda vender como un mismo producto de la mejor calidad.
- El que entremezcla vinagre con aceite.

El peor de todos los citados es el que roba el pensamiento de las personas.

(Tosefta Babá Kama 7:3; Reshit Jojmá Jupat
Eliahu Shaar 7:5)

¿Sabías que...
... existieron siete profetisas en el pueblo de Israel?

- Sara
- Miriam
- Débora
- Jana
- Abigail
- Juldá
- Ester

(Talmud, tratado de Meguilá 14a)

IX

ENIGMAS DEL NÚMERO 8

¿Sabías que...
... existen ocho normas para la elaboración de las filacterias –tefilín–?

Las filacterias son un par de dispositivos que se visten al orar por la mañana. Una se ubica en la cabeza, entre los ojos, y la otra en el brazo, junto al corazón. Se trata de una ordenanza bíblica, como está escrito:

Oye, Israel: El Eterno es nuestro Dios, El Eterno es Uno. Amarás a El Eterno, tu Dios, con todo tu corazón, con toda tu alma y con todos tus recursos. Y estas palabras que Yo te ordeno hoy estarán sobre tu corazón... Átalas como una señal sobre tu brazo y como insignia entre tus ojos. (Deuteronomio 6:4–8)

Éstas son las ocho normas requeridas para su elaboración:

- Los estuches que albergan los pergaminos deben ser de forma cuadrada.
- La costura debe ser realizada siguiendo una figura cuadrada. Además, esta norma incluye cuidar la forma cuadrada de las cajas y no distorsionarlas al coser, tironeando demasiado del hilo. (*Véase* Talmud, tratado de Meguilá 24b, Tosafot) Asimismo, debe respetarse la dimensión de las diagonales de manera que los cuatro vértices sean iguales. Es decir, las pun-

tadas a lo ancho y a lo largo deben poseer la misma medida, de modo que las proporciones diagonales se mantengan siempre compensadas y resulte un cuadrado perfecto. (*Véase* Talmud, tratado de Sucá 8a)

- En el cuero del estuche de la filacteria correspondiente a la cabeza debe sobresalir un relieve con forma de la letra hebrea *shin*. Esto debe ser así en el lado derecho al igual que en el lado izquierdo de la filacteria.
- Las secciones de la Torá que se introducen deben estar envueltas en una tela o cuero de animal puro, y deben estar enrolladas con pelo de animal puro sobre la tela o el cuero. Luego se las introduce a los estuches. (*Véase* Talmud, tratado de Shabat 108a)
- Las filacterias deben ser cosidas con nervios de animal puro.
- Se les debe hacer un pasadizo con el cuero para pasar por allí la correa que servirá para atar la filacteria al cuerpo. La abertura debe permitir que la correa pueda ser desplazada libremente por el pasadizo.
- Las correas de las filacterias deben ser negras.
- El nudo de las correas de la filacteria de la cabeza debe estar elaborado en forma de letra hebrea *dalet*.

  (Maimónides, Ahavá, leyes de Tefilín 3:1)

¿Sabías que...
... ocho versículos de la Torá los escribió Josué?

Obsérvese que en el último capítulo del libro Deuteronomio, con el que finaliza el Pentateuco, está escrito:

Y Moshé, servidor de El Eterno, murió allí, en la tierra de Moab, por la boca de El Eterno. Él lo enterró en el valle, en la tierra de Moab, frente a Beit Peor, y nadie conoce el lugar de su sepultura hasta el día de hoy. Moshé tenía ciento veinte años cuando murió; su ojo no se había opacado y su vigor no había disminuido. Los Hijos de Israel lloraron a Moshé en las planicies de Moab durante treinta días; entonces cesaron los días de duelo por Moshé. (Deuteronomio 34:5–8)

¿Cómo es posible que Moshé estando en vida narre su muerte y también lo que acontece después de la misma? Queda deducido que los ocho versículos finales del Pentateuco los escribió Josué, el siervo fiel de Moshé y su sucesor. (*Véase* Babá Batra 14b)

¿Sabías que...
... Dios prohibió al pueblo de Israel ocho cosas y les permitió en correspondencia ocho cosas?

- Les prohibió el sebo de animales domésticos y les permitió el sebo de los animales salvajes aptos.
- Les prohibió el nervio ciático de los animales domésticos y salvajes y les permitió el nervio ciático de las aves aptas.
- Les prohibió comer las aves sin degollarlas ritualmente y les permitió comer los pescados sin degollarlos ritualmente.
- Les prohibió allegarse a una mujer que vio sangre de su período catamenial y les permitió la sangre de la virginidad.
- Les prohibió una mujer casada y les permitió una mujer del cautiverio de guerra.
- Les prohibió tomar la mujer del hermano y les permitió el casamiento de levirato.
- Les prohibió casarse con dos hermanas en vida, y les permitió casarse con la segunda una vez que murió la que era su esposa.
- Les prohibió las prendas de vestir elaboradas con mezcla de lana y lino y les permitió una sábana de lana con flecos de lino.

(Midrash, Devarim Rabá 4:9; *Véase* Vaikrá Rabá 22:10)

¿Sabías que...
... la lira del Mesías tendrá 8 cuerdas?

Las liras que utilizaban los levitas en el Templo Sagrado poseían siete cuerdas. Como está escrito:

Con siete en el día te alabo, por tus justos juicios. (Salmos 119:164)

En los días del Mesías tocarán con liras de ocho cuerdas. Como está escrito:

Al músico principal de los instrumentos de ocho cuerdas, cántico de David. (Salmos 6:1)

Pero en el futuro, en el mundo venidero, tocarán con liras de diez cuerdas. Como está escrito:

Dios, te cantaré un cántico nuevo, con lira de diez cuerdas te cantaré. (Salmos 144:9)

(Midrash Rabá Números 15:11)

¿Sabías que...
... existen ocho animales que andan sobre la tierra
y son considerados impuros?

La fuente de este enunciado consta en el versículo que declara:

Éstos son los animales impuros entre los animales que andan sobre la tierra: la comadreja, el ratón, y el hurón, según su especie; el erizo, el camaleón y la lagartija; y el caracol y el topo. (Levítico 11:29–30)

La declaración bíblica citada originó una pregunta puntual: ¿cómo es posible que entre estos seres considerados impuros del más alto grado no es mencionada la serpiente, que es el padre de la impureza? Pues ella fue la que trajo el mal al mundo. Como está escrito:

Y El Eterno Dios le dijo a la serpiente: «Por haber hecho esto, maldita serás entre todo animal doméstico y todo animal salvaje; sobre tu vientre andarás, y polvo comerás todos los días de tu vida. Pondré odio entre tú y la mujer, y entre tu descendencia y su descendencia. Él te golpeará la cabeza y tú le golpearás el talón». (Génesis 3:14–15)

Respuesta: la serpiente posee la impureza en su alma y no en su cuerpo. Por lo tanto, cuando muere, su cuerpo queda vacío por completo, como el polvo de la tierra, permaneciendo en una condición que aleja toda posibilidad de apegamiento de cualquier impureza. Sin embargo, la impureza de los animales que andan sobre la tierra se posa en su cuerpo más que en su alma, por tal razón ellos impurifican más una vez muertos que en vida. Resulta que la impureza de la serpiente es mayor que la de estos seres.

(Or Hajaim, Levítico 11:29)

¿Sabías que...
... en el Templo Sagrado había ocho mesas de mármol para lavar sobre ellas las partes de los sacrificios?

Estas mesas eran parte del total de trece que había en el Templo Sagrado. Las mismas se dividían del siguiente modo:

Ocho mesas de mármol se ubicaban al norte del Altar, para disponer y lavar sobre las mismas las partes de los sacrificios que serían ofrecidos sobre el Altar.

Dos mesas se ubicaban al oeste de la rampa, una era de mármol y la otra de plata. Sobre la de mármol se disponían las partes de los sacrificios. Esto era así porque el mármol posee la propiedad de enfriar la carne y no permitir que entre en estado de descomposición con rapidez. Sobre la mesa de oro disponían los noventa y tres utensilios de oro y plata que eran sacados cada mañana de la cámara especial en la que se guardaban. Éstos se utilizaban para el servicio en el Templo Sagrado.

Dos mesas se hallaban en la Antecámara –Ulam– que había antes del Lugar Santo –Kodesh–. Una era de mármol y la otra de oro. Sobre la mesa de mármol se disponían los panes de la proposición –*lejem hapanim*– cuando se llevaban para que se enfriaran y no se estropearan, hasta que se introducían en el sitio denominado *Heijal* y se disponían sobre la mesa de oro después de sacarlos del *Heijal*. La razón de la mesa de oro es porque con respecto a las santidades se aumenta y no se disminuye. Y teniendo en cuenta que durante toda la semana habían permanecido sobre una mesa de oro en el interior del *Heijal*, ahora debía colocárselos en un sitio de categoría similar.

Una mesa de oro había en el interior del *Heijal*, en la cual se disponía el pan de la proposición.

(Mishná Shekalim 6:4, mefarshei hamishná)

¿Sabías que...
... en el Pentateuco se apartaron ocho letras para enseñar que no se debe hablar de forma obscena?

Observad que está escrito:

Entonces El Eterno le dijo a Noé: «Ven al Arca, tú y todos los integrantes de tu casa, pues a ti te he considerado justo ante Mí en esta generación. De todo animal puro toma siete pares, el macho con su hembra, y de todo animal que no es puro, dos, el macho con su hembra». (Génesis 7:1–2)

¿Por qué está escrito «de todo animal que no es puro»? ¿Acaso no era más fácil decir: «de todo animal impuro»? ¿A qué se debe esta inclusión innecesaria de letras?

Analizando el original hebreo, las letras que sobran son ocho, se deduce que en el versículo se escribieron esas ocho letras de más, esquivando la palabra impuro, para enseñar el modo en que debe hablarse, siempre conservando la pureza y evitando las obscenidades.

(*Véase* Talmud, tratado de Pesajim 3a)

¿Sabías que...
... la celebración de Jánuca se prolonga por espacio de ocho días?

Jánuca es una celebración que se lleva a cabo por un hecho que aconteció en épocas del segundo Templo Sagrado, cuando el reinado se encontraba en poder de los griegos. Ellos decretaron severas normas sobre Israel, entre las cuales constaba la prohibición de ejercer el judaísmo. Además, los griegos robaron el dinero y los bienes de los Hijos de Israel, y echaron mano de las hijas de ellos. También entraron en el Templo Sagrado y lo profanaron, impurificando todo lo que estaba puro. Después de esto, los hijos de Jashmonai se enfrentaron al enemigo, y lo derrotaron, volviendo de este modo el reinado a estar bajo el poder de Israel. Esta dicha se prolongó por un espacio de tiempo superior a 200 años, hasta que el Segundo Templo fue destruido.

Cuando los Hijos de Israel derrotaron a los invasores, era el día 25 de Kislev. Después de la rotunda victoria, entraron en el Templo Sagrado, y no encontraron la cantidad de aceite puro necesario para encender el candelabro –Menorá– durante los días que se requerían hasta que se elaborara un nuevo aceite puro. Sólo hallaron un único frasco que estaba intacto, y sellado por el Sumo Sacerdote, lo cual constataba que ese aceite estaba puro. Este aceite hallado alcanzaba para encender la Menorá por espacio de un sólo día. Sin embargo, aconteció un milagro, y con el aceite de ese frasco encendieron la Menorá durante ocho días, hasta que prensaron nuevas aceitunas, y elaboraron aceite puro. Por este motivo decretaron los sabios de aquella época, que sean esos días que comienzan el 25 de Kislev, días de alegría y alabanza a Dios.

(Shulján Aruj Oreaj Jaim 670; Mishná Brurá)

¿Sabías que...
... El libro de los Salmos posee ocho versículos más que el Pentateuco?

En el Talmud se enseñó: En el Pentateuco hay un total de 5.888 versículos. El libro de los Salmos posee ocho versículos más que el Pentateuco y el libro de Crónicas posee ocho versículos menos que el Pentateuco.

(Tratado de Kidushín 30a)

¿Sabías que...
... en la festividad de Sucot se debe estar alegre, comiendo y bebiendo durante ocho días?

El precepto de la alegría de Sucot se realiza durante ocho días. Como está escrito:

Y te alegrarás en tu festividad. (Deuteronomio 16:14)

Los sabios dedujeron: No existe alegría en tiempos en los que el Templo Sagrado está en pie, sino a través de la ingestión de la carne de los sacrificios pacíficos. Esto se desprende del versículo:

Y degollarás sacrificios pacíficos, comerás allí y te alegrarás. (Deuteronomio 27:7)

Esto es así hasta el octavo día de la Fiesta de las cabañas, denominado *Sheminí Atzeret*.

(Mishná Sucá 4:1, mefarshei hamishná)

¿Sabías que...
... las ocho prendas del sacerdote principal expiaban por diversas infracciones?

- La túnica –*kutonet*– expiaba por el derramamiento de sangre.
- Los pantalones –*mijnasaim*– expiaban por las relaciones prohibidas.

- El turbante –*mitznefet*– expiaba por las presunciones.
- El ceñidor –*avnet*– expiaba por los pensamientos del corazón.
- El pectoral –*joshen*– expiaba por los juicios.
- El *efod* expiaba por la idolatría.
- La capa –*meil*– expiaba por las habladurías.
- La diadema –*tzitz*– expiaba por el descaro.

(Talmud, tratado de Arajin 16a)

X

ENIGMAS DEL NÚMERO 9

¿Sabías que...
... nueve ciudades de refugio deben ser dispuestas para que huya allí
todo asesino que mató sin premeditación?

Esta ley posee origen bíblico. Como está escrito:

Cuando El Eterno, tu Dios, derribare a las naciones cuya Tierra te da El Eterno, tu Dios, y la poseas y te establezcas en sus ciudades y en sus casas, separarás tres ciudades para vosotros de en medio de la Tierra que te da El Eterno, tu Dios, para que la poseas. Prepara para ti el camino, y divide en tres partes la frontera de la Tierra que te hace heredar El Eterno, tu Dios; y ellas serán para cualquier asesino, para que huya allí. Éste será el caso del asesino que huya allí y viva: el que ataque a su prójimo sin conocimiento y sin odiarlo desde ayer ni desde anteayer; o el que venga con su prójimo al bosque para talar árboles y su mano blanda el hacha para cortar el árbol y el hierro se deslice de la madera y encuentre a su prójimo, y éste muera; él huirá a una de estas ciudades y vivirá, para que el que redime la sangre no persiga al asesino, pues su corazón estará caliente, y le dará alcance, pues el camino es largo, y lo atacará mortalmente, y no hay juicio de muerte sobre él, pues no lo odiaba desde ayer ni desde anteayer. Por eso te ordeno, diciendo: separarás tres ciudades para vosotros. (Deuteronomio 19:10)

Tres ciudades apartó Moshé del otro lado del Jordán, luego Josué cuando ingresó con el pueblo a la Tierra de Israel apartó otras tres y en el futuro venidero serán apartadas otras tres, en total serán nueve.

(Midrash Ialkut Shimoni 920; Tosefta Makot 2:3)

¿Sabías que...
... nueve sonidos se hacían sonar en el Templo Sagrado para acompañar a las ofrendas continuas?

En la Mishná se explica: Cada día había en el Templo Sagrado veintiún toques: tres cuando abrían los portones del atrio por la mañana. En esa oportunidad tocaban los sonidos denominados *tekiá, teruá, tekiá,* he aquí tres toques. Luego, cuando salían a verter las libaciones de la Ofrenda Continua los levitas entonaban el cántico del día, ya que lo fraccionaban en tres secciones, y antes del inicio de cada sección dos sacerdotes tocaban con las trompetas los sonidos de *tekiá, teruá, tekiá,* he aquí nueve toques. Otros nueve toques similares se ejecutaban para la Ofrenda Continua del anochecer. Resulta una suma total de veintiún toques.

(Mishná Sucá 5:5, mefarshei hamishná)

¿Sabías que...
... nueve plazos fueron asignados a las familias para que trajeran madera?

Estos nueve plazos surgieron como consecuencia de la noble actitud de un grupo de familias generosas que tomaron la iniciativa de aportar maderas al Templo Sagrado en momentos en que los depósitos del mismo se hallaban vacíos.

La historia de este suceso comenzó cuando los Hijos de Israel llegaron a Jerusalén provenientes del exilio babilónico, tras setenta años de permanecer en esa situación. Cuando llegaron no hallaron maderas en el depósito del Templo Sagrado. Al contemplar esto, un grupo de familias generosas decidió donar de lo de ellos. Tras este suceso, los profetas dispusieron que aunque el depósito estuviera lleno de maderas, igualmente que estos donen de lo de ellos. (Talmud, tratado de Taanit 28ª)

Los plazos asignados para que traigan maderas para alimentar la pira de fuego que se ubicaba sobre el altar eran nueve.

(Mishná Taanit 4:5, mefarshei hamishná)

¿Sabías que...
... en la plegaria de Año Nuevo –*Rosh Hashaná*– se recitan nueve bendiciones?

Estas nueve bendiciones corresponden con las nueve menciones del nombre de Dios emitidas por Jana en su plegaria de agradecimiento al Eterno por haberle dado un hijo siendo ella estéril (*véase* I Samuel 2:1–10). Asimismo, estas nueve menciones de Jana se vinculan con Rosh Hashaná por el hecho de que ella quedó preñada en esa fecha. Esto también sucedió con las matriarcas Sara y Raquel, quienes también eran estériles.

(Talmud, tratado de Berajot 29a)

¿Sabías que...
... hasta el noveno mes de embarazo se solicita por la salud del feto?

El proceso de embarazo se compone de distintas etapas que requieren diferentes tipos de asistencia. Por tal razón, desde el momento de la copulación hasta el tercer día, debe pedirse a Dios para que la célula reproductora masculina no se estropee, y se una a la célula femenina para dar origen a un nuevo ser. Después de ese lapso cualquier solicitud será en vano ya que el esperma se habrá estropeado.

Desde el tercer día hasta el día cuarenta se solicita por el sexo del feto. Deseándose que sea varón; ése ha de ser el argumento de la plegaria. Después de ese período cualquier solicitud será en vano pues el sexo ya ha sido determinado en el feto.

Desde el día cuarenta hasta los tres meses, debe solicitarse que la mujer no fecunde nuevamente, pues un nuevo embarazo en ese lapso perjudicaría el desarrollo del que se halla en curso.

Desde el tercer mes hasta el sexto mes, debe solicitarse que no se produzca la interrupción del embarazo por una causa natural.

Desde el sexto mes hasta el noveno debe pedirse que nazca correctamente, en paz.

(*Véase* Talmud, tratado de Berajot 60ª, mefarshei hatalmud)

¿Sabías que...
... el nueve de Av fue destruido el Templo Sagrado
dos veces consecutivas?

La razón de este aciago suceso, ocurrido en esta fecha específica, se debe a una causa puntual. Después de la salida del pueblo de Israel de Egipto, los hebreos se hallaban en el desierto y eran guiados por Moshé. Ellos, en un nueve de Av, lloraron vanamente. Este hecho provocó que se decretara que no entrarían en la tierra de Israel. Consecuentemente y a raíz de esa causa, fue sentenciada la fecha de la destrucción del Templo.

Observemos el detalle de lo ocurrido. Está escrito:

Envía para ti hombres y que exploren la tierra de Kenán. (Números 13:2)

Este hecho aconteció el día veintinueve del mes hebreo de *Siván*. Más adelante está escrito:

Y retornaron de explorar la tierra al cabo de cuarenta días. (Números 13:25)

Calculando los días a partir de la fecha de partida resulta: se desplazaron los dos últimos días del mes de *Siván,* y también todo el mes de *Tamuz,* es decir treinta días más. Luego prosiguieron desplazándose en el mes de *Av,* que es el mes que sigue a *Tamuz,* por otros ocho días. Resulta que los cuarenta días finalizaron el día ocho de Av. Y a continuación está escrito:

Y se levantó toda la congregación y dieron sus voces y lloró el pueblo esa noche. (Números 14:1)

Es decir, la noche del nueve de Av. Al contemplar esto, El Eterno les dijo:

Vosotros llorasteis un llanto vano. Yo establezco para vosotros un llanto por las generaciones. (Talmud, tratado de Taanit 29a)

La causa señalada provocó que el Templo Sagrado fuera destruido por primera vez el 9 de Av. Como está escrito:

Y en el mes quinto, a los siete días del mes, que era el año diecinueve del reinado de Nabucodonosor rey de Babilonia, vino Nabuzaradán, el comandante de la guardia, quien se hallaba delante del rey de Babilonia, a Jerusalén; e incendió la casa de El Eterno, y la casa del rey, y todas las casas de Jerusalén. (Jeremías 52:12–13)

Ahora bien, este suceso ocurrió tras la invasión que se produjo previamente, el siete de Av, tal como está escrito:

Y en el mes quinto, a los diez días del mes, que era el año diecinueve del reinado de Nabucodonosor rey de Babilonia, vino Nabuzaradán, el comandante de la guardia, quien se hallaba delante del rey de Babilonia, a Jerusalén; e incendió la casa de El Eterno, y la casa del rey, y todas las casas de Jerusalén. (II Reyes 25:8)

Este versículo se refiere a la invasión y el que se citó previamente a la destrucción. Resulta que el siete de Av ingresaron los invasores al atrio, allí comieron y dañaron el siete, el ocho, y el nueve. Posteriormente, hacia el anochecer, encendieron el fuego, y el mismo permaneció ardiente también durante el día diez. Es decir, el fuego se prendió el nueve de Av, y permaneció encendido esa noche, que ya pertenecía al diez de Av, y también durante el día, hasta que terminó de quemar la totalidad de las instalaciones. Y en esa misma fecha, nueve de Av el Templo Sagrado fue destruido por segunda vez. Esto fue así porque los méritos recaen en un día de méritos y las tragedias en un día de tragedias.

(Talmud, tratado de Taanit 29a)

¿Sabías que...
... el nueve de Av fue conquistada la ciudad de Betar?

Este hecho ocurrió en la época de las guerras de Bar Cojba contra los romanos. Maimónides describió el desenlace de esta fatalidad:

La gran ciudad llamada Betar fue conquistada cuando se hallaba rebosante de habitantes. Había en ella decenas de miles de miembros de Israel. Ellos poseían un gran rey, que creyeron era el Mesías. Sin embargo, cayó en manos de los romanos, y fueron todos asesinados. La aflicción que sobrevino fue tan grande como la que tuvo lugar a causa de la destrucción del Templo Sagrado. (Maimónides, leyes de ayunos 5:3)

Este hecho también ocurrió el nueve de Av. (Mishná Taanit 4:6)

¿Sabías que...
... nueve veces en la historia se cumplió con el precepto de la vaca roja?

El precepto de la vaca roja es una ordenanza de la Torá, como está escrito:

El Eterno les habló a Moshé y a Aharón, diciendo: «Éste es el decreto de la Torá que El Eterno ha ordenado, diciendo:

"Háblales a los Hijos de Israel y ellos tomarán para ti una vaca completamente roja, que no tiene mácula, y sobre la cual no se ha ceñido yugo"». (Números 19:1-2)

Esta vaca roja debe ser sacrificada y preparada tal como lo ordena la Biblia en los versículos subsiguientes. Finalmente:

Un hombre puro reunirá la ceniza de la vaca y la colocará fuera del campamento, en un lugar puro. Para la asamblea de Israel será un recordatorio para el agua del rociado; es para purificación. (Números 19:9)

La primera vaca roja fue preparada por Moshé, y la segunda por Ezra el escriba. Posteriormente, otras siete fueron preparadas en el tiempo comprendido desde después de Ezra hasta la destrucción del Templo Sagrado. Aunque se espera que sea preparada una décima vaca roja, de la cual se ocupará el Mesías.

(Maimónides, leyes de la vaca roja 3:12)

XI

ENIGMAS DEL NÚMERO 10

¿Sabías que...
... para que se produzca el nacimiento de un hijo, diez cosas debe
aportar el ser humano y diez Dios?

El padre genera en su hijo lo blanquecino del mismo. Es decir, los nervios, los huesos, el cerebro, las uñas y lo blanco del ojo —cinco elementos físicos—.

Mientras que la madre genera la parte colorida. Es decir, los pigmentos de la piel, la carne, la sangre, el color del cabello, lo negro del ojo —cinco elementos físicos—.

En tanto que Dios otorga las diez facultades espirituales que permiten al ser humano estar completo: el espíritu, el alma, las facciones del rostro, el sentido visual, el sentido auditivo, la capacidad del habla, la locomoción, el entendimiento, la comprensión y la inteligencia —diez cuestiones espirituales—.

(Talmud, tratado de Nidá 31ª)

¿Sabías que...
... el Sumo Sacerdote practicaba en el Día del Perdón diez
purificaciones y cinco inmersiones rituales?

Esto es así porque el Gran Sacerdote debía cambiar sus ropas cinco veces durante el servicio ritual del Día del Perdón. Y por cada cambio de ropas necesitaba tomar un baño de inmersión ritual. Asimismo, debía purificar sus manos y pies dos veces: la primera vez en honor a las vestimentas que se disponía a desvestir, y la segunda en honor a las prendas que se aprestaba a vestir.

(Talmud, tratado de Iomá 31b–32a)

¿Sabías que...
... en el Templo de Jerusalén acontecían diez milagros?

- Jamás una mujer preñada resultó dañada por el aroma de la carne que surgía de los sacrificios que se asaban en el recinto del Templo. Pues bien podía haber sucedido que le sobreviniera un antojo al percibir el delicioso aroma, y resultara afectada por ello, sin embargo nunca ocurrió un hecho de este tipo.

- Los animales sacrificados en calidad de ofrenda, jamás se echaron a perder. Esto era así, pese a que en ciertas circunstancias estaba permitido consumirlos en dos días consecutivos, dependiendo del tipo de ofrenda para la que había sido designado el animal. No obstante, pese a la gran cantidad de horas que la carne quedaba expuesta al sol, aun en los calurosos días de verano, nunca el estado de la misma se vio afectado.

- En un flanco del patio del Templo, había mesadas de mármol sobre las que se lavaban las entrañas de los animales. Por tal razón, allí había carne constantemente dispuesta. De todos modos, jamás sucedió que se viera a una mosca merodeando por el lugar.

- El Sumo Sacerdote, jamás sufrió un percance nocturno en el Día del Perdón —*Iom Kipur*—.

- En ninguna ocasión sucedió que las lluvias apagasen el fuego de la pira, pese a que se hallaba a la intemperie.

- La columna de humo que se elevaba de la pira, siempre ascendía en forma recta y jamás fue desviada por el viento.

- Jamás se halló una ineptitud en la ofrenda por la nueva cosecha –*omer*–, los dos panes de la festividad de Shavuot, y los panes de la proposición.

- La gente que asistía al Templo en las festividades, lo hacía en forma masiva. La tremenda concurrencia provocaba que en muchos casos, debido a los apretujones, los pies no tocasen el suelo, quedando las personas suspendidas en el aire. Pese a esta situación, cuando llegaba el momento de prosternarse a tierra, durante el servicio, cada uno lo hacía fácilmente, abriéndose milagrosamente un espacio de cuatro codos para cada individuo.

- Jamás dañó una serpiente o un escorpión en Jerusalén.

- Nunca aconteció que un individuo dijera al otro: «Estoy apretado». Ya sea en cuestiones de dinero, o en lo relacionado con un lugar para dormir. Esto era así pese a la concurrencia masiva de personas durante las festividades.

(Mishná, tratado de Avot 5:5)

¿Sabías que...
... Abraham, el fundador del pueblo judío, debió atravesar diez pruebas y las superó a todas?

La primera: irse del lugar donde vivía. Como está escrito:

El Eterno le dijo a Abram: «Vete de tu tierra, de tus familiares y de la casa de tu padre, a la tierra que he de mostrarte». (Génesis 12:1)

La segunda: tener que abandonar angustiosamente el lugar donde se encontraba establecido. Como está escrito:

Había hambre en la tierra y Abram descendió a Egipto para habitar allí, pues el hambre era grave en la tierra. (Génesis 12:10)

La tercera: que su esposa le sea quitada. Como está escrito:

Y sucedió que al llegar Abram a Egipto, los egipcios vieron que la mujer era muy hermosa. Cuando la vieron los oficiales del Faraón, la elogiaron ante el Faraón y fue conducida a la casa del Faraón. (Génesis 12:14–15)

La cuarta: afrontar una guerra contra cuatro reyes. Como está escrito:

Y cuando Abram se enteró de que su hermano había sido tomado cautivo, armó a sus discípulos que habían nacido en su casa, trescientos dieciocho, y los persiguió hasta Dan. (Génesis 14:14)

La quinta: tener que allegarse a su sierva por la esterilidad comprobada de su mujer. Como está escrito:

Y Sarai le dijo a Abram: «He aquí, que El Eterno me ha impedido tener hijos; allégate ahora a mi sirvienta y tal vez yo me construya a través de ella». Y Abram aceptó lo que le pidió Sarai. (Génesis 16:2)

La sexta: circuncidarse siendo un hombre anciano. Como está escrito:

Cuando Abram tenía noventa y nueve años, El Eterno se le apareció a Abram y le dijo: «Yo soy el Todopoderoso; camina ante Mí y sé íntegro... éste es Mi pacto que se guardará entre Mí y vosotros y tu futura descendencia: todo varón de entre vosotros será circuncidado». (Génesis 17:1–10)

La séptima: que Abimelej se llevase a su mujer. Como está escrito:

Abraham dijo de Sara su mujer: «Ella es mi hermana»; y Abimelej, rey de Guerar, envió y tomó a Sara. (Génesis 20:2)

La octava: la expulsión de su concubina, la sierva de su mujer. Como está escrito:

Sara vio que el hijo de Hagar, la egipcia, que había parido a Abraham, se estaba burlando. Le dijo a Abraham: «¡Echa a esta esclava con su hijo, pues el hijo de esa esclava no heredará junto con mi hijo, con Itzjak!». (Génesis 21:9–10)

La novena: apartar a su hijo Ismael. Como está escrito:

El asunto perturbaba mucho a Abraham, por su hijo. (Génesis 21:11)

La décima: el sacrificio de su hijo. Como está escrito:

Y fue después de estos hechos que Dios puso a prueba a Abraham, y le dijo: «¡Abraham!», y él respondió: «¡Heme aquí!». Y Él dijo: «Toma por favor a tu hijo, a tu único hijo, a quien amas, a Isaac, y ve a la tierra de Moriá; ofrécelo allí como ofrenda sobre una de las montañas que te diré». (Génesis 22:1–2)

(Mishná, tratado de Avot 5:3; Maimónides)

¿Sabías que...

... diez milagros le acontecieron al pueblo de Israel cuando salió de Egipto en tierra firme y diez en el mar?

Éstos son los 10 milagros ocurridos en tierra firme, en los cuales se aprecia que sólo los egipcios fueron afectados, resultando que el pueblo Israel se salvó:

- Sangre, como está escrito:
  Los peces que había en el río murieron y el río se volvió hediondo; Egipto no podía beber del agua del río, y la sangre se encontraba en toda la tierra de Egipto. (Éxodo 7:21)
- Ranas, como está escrito:
  El río proliferará ranas y éstas subirán y entrarán en tu casa y en tu dormitorio y en tu cama, y en las casas de tus siervos y de tu pueblo, y en tus hornos y en tu masa. Y las ranas subirán sobre ti y sobre tu pueblo y sobre todos tus siervos. (Éxodo 7:28–29)
- Piojos, como está escrito:
  Los nigromantes hicieron lo mismo para sacar a los piojos por medio de sus encantamientos, mas no pudieron. Y los piojos estuvieron sobre el hombre y sobre los animales. (Éxodo 8:14)
- Manada de bestias salvajes, como está escrito:

Y ese día separaré a la tierra de Goshen sobre la cual se halla Mi pueblo y allí no habrá manada de bestias salvajes; para que sepas que Yo soy El Eterno en medio de la tierra. Haré una distinción entre Mi pueblo y tu pueblo, mañana llegará esta señal. Así lo hizo El Eterno, y una terrible manada de bestias salvajes llegó a la casa del Faraón y a la casa de sus siervos; y en toda la tierra de Egipto la tierra se dañó a causa de la manada de bestias salvajes. (Éxodo 8:18–20)

- Pestilencia, como está escrito:
  El Eterno cumplió esta palabra al día siguiente y todo el ganado de Egipto murió, y del ganado de los Hijos de Israel ni uno solo murió. (Éxodo 9:6)
- Sarna, como está escrito:
  Los nigromantes no podían pararse frente a Moshé a causa de la sarna, porque la sarna estaba sobre los nigromantes y sobre todo Egipto. (Éxodo 9:11)
- Granizo, como está escrito:
  Únicamente en la tierra de Goshen, donde estaban los Hijos de Israel, no hubo granizo. (Éxodo 9:26)
- Langostas, como está escrito:
  La langosta subió por toda la tierra de Egipto y se posó en toda la frontera de Egipto; de una forma severa, nunca antes había habido una langosta como aquélla y no habría después ninguna igual. (Éxodo 10:14)
- Tinieblas, como está escrito:
  Nadie pudo ver a su hermano ni nadie pudo levantarse de su sitio durante tres días; pero, en las residencias de todos los Hijos de Israel había luz. (Éxodo 10:23)
- Muerte de los primogénitos, como está escrito:
  Todos los primogénitos de la tierra de Egipto morirán, desde el primogénito del Faraón que se sienta en su trono, hasta el primogénito de la sirvienta que está detrás del molino, y todos los primogénitos de los animales. (Éxodo 11:5)

Éstos son los 10 milagros que Dios hizo a los integrantes del pueblo de Israel en el mar. Los mismos están descritos en el Midrash:

- Se partieron las aguas para que el pueblo pasase. Como está escrito:
  Las aguas se partieron. (Éxodo 14:21)
- Se formaron túneles en medio de las aguas, quedando parte de ellas suspendidas a manera de techado, y parte de ellas a la izquierda y a la derecha. Como está escrito:
  El agua era un muro para ellos, a su derecha y a su izquierda. (Éxodo 14:29)
- La superficie del mar se tornó seca. Como está escrito:
  Los Hijos de Israel anduvieron sobre lo seco en medio del mar. (Éxodo 14:29)
- La superficie del mar después de que pasó el pueblo de Israel se tornó fangosa, dificultando el paso de los egipcios.
- El mar se dividió en doce pasajes, de modo que cada tribu pasó por uno independiente. Como está escrito:
  Dividió el mar en pasajes. (Salmos 136:13)
- Las aguas se congelaron permaneciendo duras como rocas. Como está escrito:
  Quebrantaste cabezas de *taninim* –egipcios– en las aguas. (Salmos 74:13)
- Las aguas que formaron las paredes no eran una sola pieza, sino múltiples, similares a las piedras de una construcción. Como está escrito:
  Fragmentaste el mar con tu poder. (Ibíd.)
- El mar se tornó transparente como el cristal, para que unos pudieran ver a los otros que cruzaban por el túnel adyacente.
- Surgía agua dulce, apta para ser bebida.
- Después de beber y saciarse, las aguas se congelaban, antes de que llegaran a tierra firme, y se convertían en montículos.

Como está escrito:

Con un soplo de Tus fosas nasales las aguas se amontonaron; erguidas como un muro se pararon las aguas corrientes, las aguas profundas se congelaron en el corazón del mar. (Éxodo 15:8)

(Tanjuma Beshalaj; Avot de Rabí Natán 23; Avot 5:4, Maimónides)

¿Sabías que...
... diez cosas fueron creadas en el último instante del Día Sexto
de la creación?

- La boca de la tierra que tragó a Koraj y a su gente. Como está escrito:
  La tierra abrió su boca y se los tragó a ellos y a sus casas, y a toda la gente que había junto a Koraj, y a toda su riqueza. (Números 16:32)
- La boca del manantial que proporcionó agua a Israel en el desierto. Como está escrito:
  Y de allí hacia la fuente, es la fuente sobre la cual El Eterno le dijo a Moshé: «Reúne al pueblo y les daré agua». (Números 21:16)
- El habla de la boca del asno de Bilam. Como está escrito:
  El Eterno abrió la boca del asno y éste le dijo a Bilam: «¿Qué fue lo que te hice para que me golpearas estas tres veces?». (Números 22:28)
- El arco iris que se convertiría en pacto. Como está escrito:
  He puesto Mi arco iris en la nube y será señal del pacto entre Yo y la tierra. (Génesis 9:13)
- El maná que descendería en el desierto para alimentar a los Hijos de Israel. Como está escrito:
  Los Hijos de Israel vieron y se dijeron los unos a los otros: «¿Qué es eso? —*man hu*—», pues no sabían lo que era. Moshé

les dijo: «Éste es el pan que El Eterno os ha dado para que comáis». (Éxodo 16:15)

- La vara con la que Moshé hizo los milagros. Como está escrito:

  Y esta vara tomarás en tu mano, con la que harás las señales. (Éxodo 4:17)

- El gusano denominado *shamir,* que fue utilizado para cortar y tallar las piedras en la construcción del Templo Sagrado y el pectoral del sacerdote. (*Véase* Talmud, tratado de Sotá 48b)

- La forma de las letras para componer el texto de las Tablas de la Ley. (*Véase* Mishná, tratado de Avot 5:6, Bartenura)

- La escritura, como está escrito:

  Las Tablas eran obra hecha por Dios y la escritura era la escritura de Dios, grabada en las Tablas. (Éxodo 32:16)

  (Mishná, tratado de Avot 5:6)

¿Sabías que...
... extraer el diezmo enriquece?

Rabí le preguntó a Rabí Ishmael, el hijo de Rabí Iosei: «Los acaudalados de la Tierra de Israel ¿cómo se hacen merecedores de esa condición?». El maestro respondió: «Diezmando». Como está escrito:

Separarás el diezmo –aser teaser– de toda la cosecha de tu cultivo, el fruto del campo, año tras año. (Deuteronomio 14:22)

El término hebreo *teaser* se puede leer también *teasher,* que significa enriquecer. Resulta: diezmarás para enriquecer.

(*Véase* Shabat 119a)

¿Sabías que...
... cuando diez hombres adultos rezan juntos, la Presencia Divina se
hace presente?

En el Talmud estudiaron: ¿De dónde se sabe que cuando diez hombres rezan juntos la Presencia Divina se hace presente? Se aprende del versículo:

Dios está en la asamblea. (Salmos 82:1) (Talmud, tratado de Berajot 6a)

¿Y de dónde se sabe que una asamblea debe estar compuesta de por lo menos diez hombres? Como está escrito:

¿Hasta cuándo oiré a esta mala asamblea que provoca quejas en Mi contra? (Números 14:27)

En los versículos aledaños se señala que eran doce los hombres enviados para explorar la Tierra, y sólo diez fueron los que se quejaron. Siendo así, al denominarse a estos diez hombres una «asamblea», queda deducido que la misma requiere diez hombres.

(Talmud, tratado de Berajot 21b)

¿Sabías que...
... existen diez cosas que complican la enfermedad?

- Carne de buey
- Carne grasosa
- Carne asada
- Carne de aves
- Huevo asado
- Afeitarse
- Los berros
- Leche
- Queso
- Baño

(Talmud, tratado de Berajot 57b)

128

¿Sabías que...
... al recitar la bendición para comer pan se colocan sobre el mismo
los diez dedos de las manos?

Esto es así en correspondencia con los diez preceptos que dependen del pan. Por esa misma razón, la bendición está compuesta de diez palabras. La misma cantidad de términos posee el salmo que refiere al fenómeno del pan. También el salmo que alude al sustento. Asimismo el versículo que refiere a la alabanza de los productos de la Tierra de Israel entre los que se encuentra el trigo. Y también el versículo que describe la bendición referente al grano y la abundancia emitida por Jacob a su hijo. Todos estos versículos están integrados de diez palabras.

(Código de Leyes Shulján Aruj Oraj Jaim 167:4)

A continuación se enumeran los diez preceptos que dependen del pan y son cumplidos desde el momento de la siembra hasta que se produce la deglución del producto terminado:

- Durante el proceso de arado se cumple con el precepto:
  No ararás con un buey y un burro juntos. (Deuteronomio 22:10)
- Durante la siembra se cumple con el precepto:
  No sembraréis vuestro campo con semillas mezcladas. (Levítico 19:19)
- Durante la trilla se cumple con el precepto:
  No le pondrás bozal al buey mientras trilla. (Deuteronomio 25:4)
- Al cosechar se cumple con el precepto de no recoger las espigas individuales que caen al suelo en el momento de la cosecha. Como está escrito:
  No recogeréis las espigas caídas. (Levítico 19:9)

- En el tiempo de la cosecha se cumple con el precepto de dejar un manojo que fue olvidado en el campo durante la cosecha para los pobres. Como está escrito:
  Cuando recolectes tu cosecha en tu campo y olvides un manojo en el campo, no regresarás a tomarlo; será para el prosélito, el huérfano, y la viuda, para que El Eterno, tu Dios, te bendiga en todas las obras de tus manos. (Deuteronomio 24:19)
- Al cosechar se cumple también con el precepto de dejar la esquina del campo para los pobres. Como está escrito:
  No recogeréis completamente las esquinas de vuestro campo. (Levítico 19:9)
- Cuando se recolecta la producción, se cumple con el precepto de darle la primicia del grano al sacerdote. Como está escrito:
  Las primicias de tus granos, tu vino y tu aceite, y la primera lana de la esquila de tus ovejas le darás. (Deuteronomio 18:4)
- Después de retirar la primicia del grano se cumple con el precepto de separar el Primer Diezmo para los levitas. Como está escrito:
  Pues el diezmo que los Hijos de Israel le separan a El Eterno como una ofrenda se lo he dado a los levitas por posesión. (Números 18:24)
- Tras separar el Primer Diezmo se cumple con el precepto del Segundo Diezmo, que debe apartarse para llevarlo a Jerusalén y comerlo allí. Como está escrito:
  Y comerás el diezmo de tu grano, tu vino y tu aceite, y el primogénito de tus vacunos y tus ovejas ante El Eterno, tu Dios. (Deuteronomio 14:23)
- Cuando se elabora la masa se cumple con el precepto de separar una porción –*jalá*– y entregársela al sacerdote. Como está escrito:
  La primicia de vuestra masa –*jalá*– separaréis. (Números 15:20)

La bendición para comer pan posee en su original en hebreo diez palabras, y su traducción es esta: «Bendito eres Tú, El Eterno, Dios nuestro, Rey del universo, que saca el pan de la tierra».

Los versículos que fueron citados y en su original en hebreo poseen diez palabras son los siguientes:

- El salmo que refiere al fenómeno del pan:
  Hace brotar el pasto para los animales, y la vegetación para la labor del hombre, sacando el pan de la tierra. (Salmos 14:14)

- El salmo que alude al sustento:
  Los ojos de todos esperan en ti, y tú les das su sustento a su tiempo. (Salmos 145:15)

- El versículo que refiere a la alabanza de los productos de la Tierra de Israel entre los que se encuentra el trigo:
  Una Tierra de trigo, cebada, vid, higueras y granados, Tierra de olivos de aceite y miel de dátiles. (Deuteronomio 8:8)

- El versículo que describe la bendición referente al grano y la abundancia emitida por Jacob a su hijo:
  Y que Dios te dé del rocío de los Cielos y de lo selecto de la tierra, y granos y vino en abundancia. (Génesis 27:28)

> ¿Sabías que...
> ... diez períodos de hambre fueron asignados
> para sobrevenir al mundo?

- El primer período sobrevino durante los días de Adán, el primer hombre. Como está dicho:
  Al hombre le dijo: «Por haber hecho caso a la voz de tu esposa y haber comido del árbol acerca del cual te ordené, diciendo: "De él no comerás, maldita es la tierra por tu culpa; con dolor comerás de ella todos los días de tu vida"». (Génesis 3:17)

- El segundo período sobrevino durante los días de Lemej, como está dicho:

  Y –Lemej– lo llamó Noé, diciendo: «Éste nos traerá alivio de nuestro trabajo y del dolor de nuestras manos, por la tierra que ha maldecido El Eterno». (Génesis 5:29)

- El tercer período sobrevino durante los días de Abraham, como está dicho:

  Había hambre en la tierra y Abram descendió a Egipto para habitar allí, pues el hambre era grave en la tierra. (Génesis 12:10)

- El cuarto período sobrevino durante los días de Isaac, como está dicho:

  Había hambre en la tierra, además de la primera hambre que hubo en los días de Abraham; e Isaac fue a Abimelej, rey de los filisteos, a Guerar. (Génesis 26:1)

- El quinto período sobrevino durante los días de Jacob, como está dicho:

  Pues éstos han sido dos de los años de hambruna de la tierra y todavía faltan cinco años, en los que no habrá siembra ni cosecha. (Génesis 45:6)

- El sexto período sobrevino durante los días del gobierno de los jueces, como está dicho:

  Aconteció en los días que gobernaban los jueces, que hubo hambre en la tierra. (Rut 1:1)

- El séptimo período sobrevino durante los días de David, como está dicho:

  Hubo hambre en los días de David por tres años. (II Samuel 21:1)

- El octavo período sobrevino durante los días de Elías, como está dicho:

  Vive El Eterno Dios de Israel, ante cuya presencia estoy, si acontecerá que habrá lluvia o rocío en estos años, sino según mi palabra. (I Reyes 17:1)

- El noveno período sobrevino durante los días de Eliseo, como está dicho:

  Y hubo gran hambre en Samaria. (II Reyes 6:25)

- El décimo período sobrevendrá en el futuro, como está dicho:

  He aquí que vienen días, dice El Eterno, Dios, en los cuales enviaré hambre a la tierra, aunque no será hambre de pan, ni sed de agua, sino de oír la palabra de El Eterno. (Amós 8:11)

(Bereshit Raba 25:3)

¿Sabías que...
... diez cosas dificultan la capacidad del aprendizaje?

El que pasa por debajo de la correa con la que se conduce el camello o del camello mismo.

- El que pasa en medio de dos camellos.
- El que pasa en medio de dos mujeres.
- Una mujer que pasa entre dos hombres.
- El que se expone al mal olor que despide el cadáver de un animal muerto.
- El que pasa debajo de un puente, bajo el cual no pasó agua durante cuarenta días.
- El que come pan que no está totalmente cocido.
- El que come carne de los residuos que fueron apartados con la cuchara hacia los lados de la olla.
- El que bebe agua de la fuente que pasa por un cementerio.
- El que observa un muerto.

(Talmud, tratado de Oraiot 13b)

ᴐᴕᴄᴑ

¿Sabías que...
... diez veces el pueblo de Israel puso a prueba a Dios?
Esto es así, tal como está escrito:

Me pusieron a prueba estas diez veces y no escucharon Mi voz. (Números 14:22)

(Mishná, tratado de Avot 5:4)

- La primera prueba aconteció en el mar, cuando las huestes egipcias salieron en persecución del pueblo de Israel, después de haber transcurrido tres días desde que salieron de Egipto. Los perseguidores les dieron alcance mientras acampaban a orillas del mar, en Pi Ajirot. El Faraón se aproximó hacia el campamento judío, lo cual fue avistado por los Hijos de Israel, quienes sintieron mucho temor y clamaron a Dios. Pero a su vez dijeron a Moshé:

¿Acaso por no haber sepulturas en Egipto nos trajiste para que muramos en el desierto? ¿Qué nos has hecho sacándonos de Egipto? Antes de salir ya te habíamos advertido: «Desiste de nosotros y serviremos a Egipto, pues es mejor para nosotros servir a Egipto en vez de fallecer en el desierto». (Éxodo 14:11-12)

Después de esta queja, Moshé los consoló diciéndoles:

No temáis, sólo deteneos y observad la salvación de El Eterno que realizará el día de hoy, pues los egipcios que habéis visto, ya no los volveréis a ver. El Eterno peleará por vosotros, y mientras vosotros permaneceréis en silencio. (Éxodo 14:13-14)

Y efectivamente, tal como Moshé anunció, así aconteció, pues se abrieron doce túneles en medio de las aguas, por los cuales los hijos de Israel cruzaron salvándose del enemigo que los acosaba. (Véase Éxodo 14:21)

- La segunda prueba tuvo lugar a la salida del mar. Pues cuando llegaron a tierra firme, los Hijos de Israel murmuraban:

«Así como nosotros salimos por un lado, los egipcios que vienen tras nuestro saldrán por otro lado».

En ese momento, el Creador ordenó al ángel encargado del mar: «¡Expélelos hacia lo seco!». El ángel le respondió a Dios: «¿Acaso un siervo a quien su amo le otorga un presente, luego el amo vuelve a tomar de él ese presente?». (Aludiendo a los cuerpos de los egipcios que se hallaban en su interior, y servirían de alimento a los peces y demás seres vivos que habitan en las aguas del mar.) Dios le respondió: «Te daré uno y medio por cada uno de ellos». En referencia a los hombres del ejército de Sisro, que era el comandante de las tropas del rey Yavín de Kennan, quien gobernaba en Jazor, en tiempos en que la profetisa Débora juzgaba a Israel. (*Véase* Jueces 4:1–4) Allí se narra que el citado ejército estaba compuesto de novecientos jinetes, quienes cayeron en manos del ejército de Israel en el río Kishón. En tanto el contingente del Faraón cuando se internó en el mar para perseguir a Israel, lo hizo con seiscientos jinetes, tal como está escrito:

El Faraón tomó seiscientos jinetes... (Éxodo 14:7)

Resulta una proporción de uno y medio del ejército de Sisro, por cada uno de los egipcios. El ángel encargado del mar respondió al Creador: «¿Acaso el siervo puede enjuiciar al Amo?». Dios le comunicó: «Que el río Kishón sea la garantía de que te daré uno y medio por cada uno de los cuerpos egipcios que yacen en el interior de las aguas». De inmediato, el mar expelió los cuerpos inertes de los egipcios. Como está escrito:

Israel vio a los egipcios muertos en la orilla del mar. (Éxodo 14:30)

(Talmud, tratado de Arajin 15a)

Lo acontecido con los egipcios les sirvió a los Hijos de Israel de consuelo. Pues ellos estaban preocupados y atemorizados por sus vidas, demostrando en ese acto incredulidad frente a la palabra de Dios, quien les había asegurado que los salvaría por completo.

- La tercera vez que probaron a Dios, aconteció cuando el pueblo viajó desde el Mar de Juncos –Iam Suf– que era el que habían cruzado al salir de Egipto, y salieron hacia el desierto de Tzur. Caminaron durante tres días por el desierto, y no hallaron agua. Llegaron a Mará, y allí si había agua, pero no pudieron beberla porque era amarga. Por eso se le dio el nombre «Mará»a ese lugar, que significa «amargo». (*Véase* Éxodo 16:23)

Ese suceso provocó que los integrantes del pueblo riñeran con Moshé y le recriminasen:

¿Qué beberemos? (Éxodo 15:23)

En ese momento Moshé clamó a Dios, y el Todopoderoso le mostró un árbol, para que lo arrojase a las aguas, y a través del árbol, las aguas fueran endulzadas. Como consecuencia de este hecho el pueblo dispuso de aguas dulces para beber. Antes bien, en ese mismo lugar Moshé había enseñado al pueblo algunas secciones de la Torá para que se ocupen de ellas: leyes relativas al Shabat, la vaca roja y otras sentencias. Y allí mismo probaron al Todopoderoso, pues no se dirigieron a Moshé utilizando un lenguaje apropiado, como «Pide piedad por nosotros para que tengamos agua para beber», sino que querellaron.

- La cuarta vez que pusieron a prueba a Dios fue cuando los Hijos de Israel viajaron desde el desierto de Sin. Como está escrito:

Toda la asamblea de los Hijos de Israel marchó desde el Desierto de Sin hacia sus viajes, según la palabra de El Eterno. Acamparon en Refidim, y no había agua para que el pueblo bebiera. (Éxodo 17:1)

El versículo narra a continuación:

Los integrantes del pueblo riñeron con Moshé y le reclamaron: «¡Dadnos agua para beber!». Moshé les respondió: «¿Por qué reñís conmigo? ¿Por qué ponéis a prueba a El Eterno?». El pueblo no escuchó esas palabras, y al sentirse sedientos murmuraron contra Moshé reclamándole: «¿Por qué nos hiciste subir de Egipto para matarnos de sed, a nosotros, a nuestros hijos y a nuestro ganado?». Después de escuchar esas palabras, Moshé clamó a Dios diciendo: «¿Qué haré al pueblo este, un poco más y me apedrean?». Dios le respondió: «Pasa delante del pueblo y toma contigo de los ancianos de Israel, y también toma contigo la vara con la que golpeaste el río y marcha». Los hijos de Israel decían: «Esa vara sólo sirve para traer castigos, ya que a través de ella fueron producidas varias de las plagas que flagelaron al Faraón y el pueblo de Egipto, y también al mar». Por eso está escrito: "Con la que golpeaste el río", para que vean que también está preparada para bondades. A continuación, Dios ordenó a Moshé que golpeara la roca en Joreb, y le informó que de ella saldría agua para que el pueblo bebiera. Moshé hizo acorde a lo ordenado por Dios, y llamó a ese lugar Masá u Meribá, que significa «Prueba y Riña», por la riña de los Hijos de Israel y la prueba al Creador, pues decían: «¿Está Dios entre nosotros o no?». (Éxodo 17:1 a 7)

- La quinta vez que pusieron a prueba a Dios fue con la caída del maná, el alimento que descendía del Cielo en el desierto.

  Moshé advirtió al pueblo: «Ningún varón deje de él –del maná– hasta la mañana». Sin embargo, ciertos individuos –Datán y Abiram– desobedecieron la orden y dejaron hasta la mañana. Pero el maná que ellos recolectaron hedió y se agusanó. (Éxodo 16:19)

  A causa de esta desobediencia Moshé se enfureció con ellos.

Contemplando los versículos que narran lo relacionado con el descenso del maná se aprecia que cada mañana el mismo era recolectado por cada varón acorde a su consumo. Luego calentaba el sol y lo que había quedado en el suelo se derretía, convirtiéndose en arroyos de agua que eran bebidas por los ciervos y gacelas. Luego, cuando los gentiles cazaban estos animales e ingerían su carne, podían saborear el gusto del maná, y conocían a través de ello los privilegios de Israel.

Después de detallarse lo referente al descenso del maná está escrito:

Aconteció en el día sexto, que recolectaron medida doble de alimento, entonces vinieron todos los ministros de la congregación y lo comunicaron a Moshé. Moshé respondió: «Es lo que dijo El Eterno: Día de descanso sagrado para El Eterno es mañana. Lo que han de hornear, hornealdo hoy –y que sirva para dos días–, y lo que han de cocinar, cocinadlo hoy –y que sirva para dos días–, y lo que sobre, dejadlo guardado hasta la mañana». Los miembros de Israel hicieron como había ordenado Moshé, y al día siguiente no hedió ni se agusanó. Dijo Moshé: «Comedlo hoy, pues el día de hoy es Shabat para El Eterno, el día de hoy no se hallará en el campo. Seis días lo recolectaréis, y el día séptimo es Shabat, no habrá en él». (Éxodo 16:22–26)

- La sexta vez que pusieron a prueba a Dios fue la desobediencia provocada por quienes salieron a buscar maná en Shabat. Como está escrito:

  Aconteció en el día séptimo, que salieron del pueblo a recolectar, y no hallaron. (Éxodo 16:27)

  Este acto de rebeldía provocó que Dios los reprendiera:

  ¿Hasta cuándo se rehusarán a guardar mis preceptos y leyes? Observad que El Eterno os ha otorgado el Shabat, por eso, os suministra el día séptimo alimento para dos días.

  Luego está escrito:

Resida cada varón en su sitio, no salgan fuera –de los límites– en el día séptimo.

Tras esta ordenanza:

Descansó el pueblo en el día séptimo. (Éxodo 16:30)

- La séptima vez que el pueblo de Israel puso a prueba a Dios aconteció cuando viajaron desde Elim, y llegaron al desierto de Sin, que se encuentra entre Elim y Sinaí. Este hecho aconteció el día quince del segundo mes desde que salieron de Egipto. (*Véase* Éxodo 16:1)

Allí protestó toda la congregación a Moshé y Aharón en el desierto. Los Hijos de Israel les dijeron:

Hubiésemos preferido morir en manos de El Eterno en la tierra de Egipto, pues en aquel entonces nos sentábamos junto a la olla de carne y comíamos pan hasta saciarnos. Ustedes nos han sacado a este desierto para matar a toda la congregación de hambre.

Dios escuchó esta nueva queja del pueblo, y les hizo llover aves del cielo, tal como está escrito:

Fue al anochecer, cuando ascendieron las aves –*slav*–, que se cubrió el campamento. (Éxodo 16:13)

- La octava vez que Israel puso a prueba a Dios fue cuando cesaron de llover tales aves. En ese momento, la multitud que se había plegado al pueblo en la salida de Egipto sintió codicia por carne, por ello se quejaban y lloraban. También los Hijos de Israel lo hicieron, y esto era lo que decían:

¡Quién nos diere carne para comer! Recordamos el pescado que comíamos en Egipto gratuitamente, los melones, las sandías, el puerro, las cebollas, y los ajos, y ahora, nuestras almas se hallan secas, sin nada, solamente tenemos el maná ante nuestros ojos. (Números 11:4)

Esta escena de los hijos de Israel llorando enfureció a Dios, y pareció mal a Moshé. Tras contemplar este suceso Moshé dijo a Dios:

¿Por qué has hecho mal a Tu siervo, y por qué no he hallado gracia ante Tus ojos, al poner sobre mí la carga de todo este pueblo? ¿Acaso yo concebí a todo este pueblo, o lo parí, que me dices: «Llévalo en tu regazo, tal como lleva la nodriza al niño de pecho, a la tierra que jurasteis a sus padres»? ¿De dónde tengo yo carne para dar a todo este pueblo, que lloran frente a mí diciendo: «Dadnos carne para comer»? No puedo yo solo cargar con todo este pueblo porque es más pesado de lo que yo –puedo cargar–. Y si así me haces, mátame por favor, mátame si he hallado gracia ante Tus ojos, y no veré mi mal –refiriéndose indirectamente al mal de ellos–. (Números 11:11–15)

Dios le dijo a Moshé:

Reúneme setenta hombres de los ancianos de Israel, de los que sabes son ancianos del pueblo y alguaciles –es decir, de aquellos que actuaron como alguaciles en Egipto, durante la esclavitud, y se apiadaban del pueblo, pensando: «Es preferible que los castiguemos nosotros y no que lo hagan los egipcios».

Dios prosiguió con las indicaciones:

Los tomarás, y los llevarás al Tabernáculo de reunión, y estarán allí contigo. Entonces descenderé y hablaré contigo allí, y tomaré del espíritu que hay sobre ti, y pondré sobre ellos, y cargarán contigo la carga del pueblo, y no la cargarás tu solo.

Luego le dijo:

Y al pueblo dirás: santificaos para mañana, y comeréis carne, pues llorasteis en los oídos de Dios diciendo: «¿Quién nos diere carne, pues era mejor para nosotros en Egipto»? Dará Dios a vosotros carne y comeréis. No un día comeréis, ni dos, ni cinco días, ni diez días, y tampoco veinte días, hasta un mes completo, hasta que salga por vuestras narices y os sea por repugnancia, pues repulsasteis a Dios que se halla entre vosotros, y llorasteis diciendo: «¿Para qué salimos de Egipto?».

Moshé habló las palabras de Dios al pueblo y reunió los setenta ancianos, tal como había sido estipulado, disponiéndolos en derredor del Tabernáculo de Reunión. El Eterno descendió en la nube, le habló, y tomó del espíritu que había sobre él y puso sobre los setenta hombres ancianos. Aconteció cuando reposó sobre ellos el espíritu, que comenzaron a profetizar, pero no incrementaron –en profetizar los días subsiguientes–. (*Véase* Números 11:25)

Después de escucharse las profecías de los setenta ancianos, y las de Eldad y Meldad, dos individuos que habían quedado en el campamento, se desató un viento originado por Dios que hizo volar al campamento aves del mar, las cuales llegaron hasta las tiendas. La cantidad de aves era enorme, alcanzando a cubrir una distancia de camino de un día hacia el Norte, un día hacia el Sur, y hacia todo punto cardinal. Además volaban como a dos codos de altura sobre la faz de la tierra, para que no fuera dificultoso para las personas atraparlas.

Ese día el pueblo recolectó aves, tanto de día como de noche, y también todo el día siguiente. El que juntó menos, recolectó diez montones. Después de la colecta, esparcieron los montones, extendiéndolos alrededor del campamento. La carne aún se hallaba entre sus dientes, cuando sus almas abandonaban sus cuerpos, y la furia de El Eterno se encendió, golpeando El Eterno al pueblo con una matanza muy grande. Este lugar fue llamado «Los Sepulcros de la Codicia» –*kivrot hataavá*–, pues allí sepultaron al pueblo que codició. (Números 11:34)

- La novena vez que el pueblo de Israel puso a prueba a Dios aconteció cuando Moshé subió al Cielo a buscar la Torá. Él les había dicho que se demoraría en la gestión un lapso de cuarenta días. Antes bien, según el cálculo del pueblo, ese tiempo ya había transcurrido sin que el líder aportara muestras de vida. Por tal razón pensaron que falleció en las alturas. Entonces decidieron construir un becerro de oro. (*Véase* Éxodo 32:1) Ellos hicieron esto pese a tratarse de un acto totalmente prohibido por El Eterno. Tal como está escrito:

Yo soy El Eterno, tu Dios, que te saqué de la tierra de Egipto, de casa de esclavos. No tendrás otros dioses delante de Mí. (Éxodo 20:1)

Por tal razón, al construir el becerro de oro infringieron contra los mandamientos ordenados por El Eterno.

- La décima vez que pusieron a prueba a Dios fue en el desierto de Parán. Ocurrió del siguiente modo: ellos sabían que Dios les había asegurado que la tierra prometida era buena, como está escrito:

  Porque El Eterno, tu Dios, te trae a una tierra buena. (Deuteronomio 8:7)

  No obstante, el pueblo pidió enviar espías para explorar la zona, tal como está escrito:

  Os acercasteis todos vosotros a mí, y dijisteis: «Enviemos delante de nosotros hombres para que investiguen la tierra, y nos traigan respuesta acerca del camino por el que subiremos, y de las ciudades a las que iremos –para iniciar la conquista–». (Deuteronomio 1–22)

Resulta que el envío de espías es una decisión absolutamente opcional, pedida por el pueblo, pese a que Dios ya había anticipado acerca de las bondades del lugar adonde los llevaría. Por tal razón, y ante la citada petición, El Eterno accedió a la solicitud. Tal como está escrito:

Habló El Eterno a Moshé diciendo: «Envía para ti hombres, para que exploren la tierra de Kenaan, que Yo doy a los hijos de Israel». (Números 13:1)

Los individuos que resultaron escogidos para la incursión, realizaron el reconocimiento, y de regreso, en vez de relatar las bondades de la tierra, hablaron vilmente de la misma. Utilizaron palabras que no se adecuaban a la realidad, pues exageraron en su testimonio, a través del cual generaron en la población un clima extremadamente tenso. Sin embargo, dos de los exploradores, Iehoshúa bin Nun y Caleb ben Iefuné alabaron a la tierra prometida.

Esta última prueba ocasionó la decisión final de El Eterno acerca del pueblo que había sacado de Egipto. Pues a causa de esta falta fueron condenados a perecer en el desierto, quedando este hecho registrado en el Pentateuco. Como está escrito:

Porque todos los hombres que vieron Mi honor y mis señales que hice en Egipto y en el desierto, y me probaron estas diez veces, sin escuchar Mi voz, no verán la Tierra que juré a sus padres. Ninguno de mis menospreciadores la verá. Pero Mi siervo, Caleb, por cuanto que hubo en él otro espíritu, y cumplió yendo detrás de Mí, lo traeré a la tierra donde llegó, y su simiente la heredará. (Números 14:22–23)

ENIGMAS DEL CUERPO HUMANO

¿Sabías que...
... El nombre de El Eterno, el Tetragrama, se encuentra implícito
en toda creación?

Esto es así con el fin de que cada criatura pueda reconocer a su Creador. Observad: el nombre de El Eterno se escribe mediante las letras hebreas *yud, he, vav y he*. Una de las características de la letra *yud* es que posee forma redonda. La letra *he* posee un valor numérico de cinco. Y la letra *vav* posee forma alargada.

Estas letras que conforman el Tetragrama se encuentran implícitas en la estructura de un ser humano del siguiente modo: la forma de la letra *yud* corresponde con la forma de la cabeza. Las dos letras *he* del Tetragrama, corresponden con los cinco dedos de la mano derecha y los cinco dedos de la mano izquierda. La forma de la letra *vav* corresponde con el cuerpo.

(Reiá Mehimna 42a)

Sabias que...
... la lengua es el órgano rey del cuerpo humano?

En el Midrash se narra que el rey de Persia había enfermado gravemente. Los médicos que le asistieron le comunicaron que no sanaría a menos que le trajeran leche de leona. Uno de los presentes, al enterarse de la situación, se ofreció voluntariamente para cumplir con el requisito que permitiría el restablecimiento de la salud del rey y dijo: «Yo os traeré leche de leona». Y añadió: «Si os parece bien, dadme diez chivos para que pueda cumplir mi cometido». El rey no perdió tiempo y ordenó a su sirviente que se los entregase, y éste cumplió inmediatamente el mandato. El hombre se dirigió al sitio donde sabía que había leones. Halló una leona echada en el suelo, amamantando a sus cachorros. El primer día, el individuo se situó a una distancia prudencial, y envió a uno de los chivos en dirección de la leona, y ésta lo engulló inmediatamente. Al segundo día, se aproximó un poco, y le envió otro chivo. Así prosiguió con el plan que había tramado, acercándose cada día un poco más, hasta que logró entrar en confianza y juguetear con la leona. En ese momento le extrajo un poco de leche y luego se marchó.

Cuando se encontraba a mitad del camino, el individuo soñó que todos sus miembros reñían entre ellos. Los pies decían: «No hay entre todos los miembros quien nos pueda igualar, pues si no hubiésemos marchado, jamás hubiera podido conseguir la leche de leona». Las manos decían: «No hay como nosotras. Pues si no hubiésemos ordeñado a la leona, no hubiese podido hacer nada». Los ojos decían: «Nosotros predominamos por encima de todos. Pues si no le mostráremos el camino, nada podría hacer». El corazón intervino y dijo: «No hay como yo. Pues si no hubiese otorgado el consejo, ¿qué podríais hacer todos vosotros?». La lengua tomó la palabra y dijo: «No hay como yo. Pues si no hubiera hablado ¿quién lo hubiera hecho?». Todos los miembros le respondieron: «¿Cómo no temes compararte a nosotros? Tú permaneces encerrada y habitas en un sitio oscuro y lleno de tinieblas. Además, no posees hueso, como todos los demás miembros». La lengua les respondió: «Ya veréis que yo soy el rey y domino por encima de todos vosotros». El hombre meditó sobre esto que vio en el sueño, lo guardó en su mente y prosiguió la marcha. Se dirigió al rey y llevándole lo que había traído le dijo: «Su majestad: aquí tiene leche de perra». El rey enfureció y ordenó colgarlo. Cuando lo llevaban para ajusticiarlo, todos los miembros de su cuerpo comenzaron a llorar. Entonces la lengua les dijo: «Ya les había dicho que sois insustanciales. Si os salvo reconoceréis que soy el rey». La lengua volvió a hablar y dijo: «Llevadme al rey, quizá os salve». Los demás miembros accedieron instantáneamente a la solicitud de la lengua y la llevaron. Una vez frente a él le dijo: «¿Por qué habéis ordenado colgarme?». El rey le respondió: «Por haberme traído leche de perra». La lengua le dijo: «Pero ¿que os importa, si mediante la misma sanaréis?». Y luego añadió: «Además, habéis de saber que la leona en otras tierras es llamada perra –calva–». Los asistentes tomaron un poco del producto, lo probaron, y verificaron que se trataba de leche de leona. Después de esto, todos los miembros reconocieron ante la lengua: «Ahora reconocemos que habías hablado verdad». Esto es a lo que refiere el versículo que declara:

La muerte y la vida están en poder de la lengua. (Proverbios 18:21)

(Midrash Shojar Tov 39:2–3)

¿Sabías que...
... en la cabeza hay siete orificios en correspondencia con los siete brazos del candelabro denominado *Menorá?*

Estos orificios son: los dos ojos, los dos oídos, las dos fosas nasales y la boca. La boca posee su correspondencia con el brazo central del candelabro denominado *Menorá,* el cual es santo. Por tal razón, es necesario esforzarse en guardar la santidad de la boca y la lengua en el día de *Shabat,* el séptimo de la semana, considerado santo. Como está escrito:

Dios bendijo al séptimo día y lo santificó, porque en él cesó toda Su obra que Dios creó para hacer. (Génesis 2:3)

(*Véase* Reshit Jojmá, kedushá 11:9)

¿Sabías que...
... dependiendo de que miembro mueve mientras habla,
en ese sitio lleva el alma?

El sabio cabalista Rabí Shimón le explicó a su hijo Rabí Elazar: «Hay personas que al hablar se expresan moviendo los ojos, otros mueven las manos, están aquellos que lo hacen moviendo la cabeza, otros el cuerpo y existen aquellos que mueven los pies. Esto es así, porque en todo lugar donde se encuentra el alma, induce a ese miembro que la contiene a generar mayor movimiento». Rabí Elazar le dijo: «¡Padre! ¿Pero acaso el alma no se encuentra en el corazón y de allí se expande hacia todos los miembros del cuerpo?». Rabí Shimón le respondió: «¡Hijo mío! Con respecto al alma está escrito: "Le descubrió –*galtá*– los pies y se acostó. (Rut 3:7)". El término hebreo *galtá*, significa también "se exilió". Resulta que en este caso el alma se exilió hacia los pies. Pues mediante las acciones inadecuadas, el individuo provoca que el alma se retire de su sitio y descienda a otros lugares, hasta llegar en ocasiones a los pies. Aunque esta situación no es definitiva y puede revertirse. Ya que retractándose de la mala conducta ejercida y rectificándola, es posible hacer regresar al alma a su sitio original. Y cuando se encuentra en el corazón, se denomina reina, pudiendo gobernar el cuerpo como es adecuado. Pero si se halla fuera de su sitio, se encuentra en un nivel deshonroso y se denomina sierva». (*Véase* Tikunim, Tikún 70, Pág. 132b)

¿Sabías que...
... por más que se trate de un animal, hay que apiadarse?

Rabí, uno de los eruditos más grandes de la época, sufría de terribles flagelos y después de trece años de soportarlos se curó. Los mismos le sobrevinieron por un suceso que había acontecido, y cuando desaparecieron, también se debió a un suceso que había acontecido. Así le sobrevinieron: un becerro iba a ser degollado y cuando lo llevaban, se dirigió hacia donde se encontraba Rabí, puso su cabeza entre su túnica y lloró. El erudito le dijo: «¡Ve, pues para eso has nacido!». En el Cielo dijeron: «Por cuanto que no se apiada, enviémosle flagelos». El erudito soportó esta aflicción hasta que un día su sierva se hallaba limpiando la casa y echando unas crías de rata. Él le dijo: «Déjalas, pues está escrito: "Bueno es El Eterno para con todos, y se apiada de todas las criaturas" (Salmos 145:9)». En el Cielo dijeron: «¿Se apiada? ¡Apiadémonos de él!».

(Talmud, tratado de Babá Metzía 85a)

¿Sabías que...
... al matar un animal para comerlo se lo asciende de nivel?

Ciertos filósofos plantearon: «¿Por que no nos nutrimos de vegetales y frutas solamente? ¿Qué necesidad existe de derramar la sangre de un animal y hacerlo sufrir para que se convierta en nuestro alimento?».

Esta teoría propuesta fue analizada y debatida. Los sabios de Israel brindaron esta respuesta: «Analizando profundamente el asunto, resulta que el hecho de permitirnos comer carne animal es una gran bondad de El Eterno, tal como está dicho: "Bueno es El Eterno para con todos, y se apiada de todas las criaturas" (Salmos 145:9). Este versículo revela que el degollado de los animales y su ingesta por parte de las personas consiste en una bondad para los animales, un acto de piedad hacia ellos». Y aclararon aún más el asunto: «Observemos el fundamento de esta aseveración: todo alimento ingerido por la persona, es procesado en el estómago. De allí pasa a los intestinos superiores, que se encuentran debajo del estómago. De allí, el hígado absorbe lo más selecto del alimento, desplazando el resto hacia los intestinos inferiores, desde donde se evacua al exterior. Respecto a la sustancia absorbida por el hígado, vuelve a ser procesada nuevamente por éste, convirtiéndose en sangre. Luego la envía depurada al corazón. El corazón la envía hacia todos los miembros del cuerpo. Una vez que la sangre llega a su destino, se procesa nuevamente en el miembro específico que será nutrido, convirtiéndose en parte de ese miembro. Esto es así, ya se trate de carne, hueso, tejido adiposo, venas, arterias, o tendones. Este proceso resulta un beneficio para el animal degollado, pues su cuerpo ascendió de nivel animal a nivel de ser humano. Se trata del proceso que involucra a los cuatro reinos del mundo inferior: minerales, vegetales, animales, seres parlantes. Pues los minerales se nutren de los cuatro fundamentos: aire, fuego, tierra, agua; los vegetales, de los cuatro fundamentos y de los minerales. Los seres vivos que no hablan se nutren de los cuatro fundamentos, minerales y vegetales. Y el ser vivo parlante se nutre de los seres vivos que no hablan, vegetales, minerales y de los cuatro fundamentos. Siguiendo este modelo, el proceso se proyecta a niveles altamente superiores hasta que el ciclo se completa y renueva en orden derecho e inverso. Sobre esto fue dicho: "Bueno es El Eterno para con todos"».

(Reshit Jojmá Kedushá 16:64)

¿Sabías que...
... la lengua es un órgano vital que debe ser cuidado con creces?

Con relación a ello está escrito:

¿Qué te otorgará, o qué te incrementará, –hablar de ese modo– lengua de engaño? (Salmos 120:3)

Este versículo enseña que Dios dijo a la lengua: «Todos los miembros del individuo se encuentran en posición vertical, pero tú en posición horizontal. Todos los miembros del individuo son externos, pero tú interna. Y no sólo eso, además, te he rodeado de dos murallas, una de hueso –los dientes– y la otra de carne –los labios–. ¿Qué más te otorgará Dios, o qué te incrementará, lengua de engaño, para que no hables pérfidamente?».

(Arajin 15b)

¿Sabías que...
... la persona experimenta tres tipos de provecho distribuidos en un orden sabiamente dispuesto?

Los tres tipos de provecho son: el del sabor de los alimentos, que se percibe a través de la boca; el aroma de una buena fragancia, que se percibe a través de la nariz; la observación de una visión agradable, que se percibe a través los ojos. Los tres tipos de provecho citados se encuentran en este mundo físico. Sin embargo, el principal provecho vital que el individuo experimenta en este mundo es el que tiene que ver con la comida y la bebida, el cual se percibe a través de la boca, el orificio inferior de la cabeza. Ahora bien, esto es así en un estado completamente físico, mas cuando abandona el mundo terrenal, el individuo pasa a morar en el Jardín del Edén Inferior, donde el provecho vital consiste en el percibido a través del olfato. Pues en el Jardín del Edén Inferior el alma se inviste en un cuerpo concreto, aunque constituido de material refinado. El mismo no requiere de alimentos físicos que ingresan al organismo a través de la boca, sino que se nutre de fragancias deliciosas. Aunque aún le resta un nuevo ascenso. El mismo tiene lugar en el Jardín del Edén Superior. Allí se hallará en un estado extremadamente refinado y se nutrirá únicamente de las visiones provenientes del resplandor irradiado por la Presencia Divina.

Ésta es la razón por la cual los ojos, la nariz y la boca se encuentran en la posición descrita, uno encima del otro. El orden corresponde con el nivel espiritual y la categoría de provecho que experimenta el hombre de acuerdo al nivel al que asciende. (*Véase* Ben Ish Jai, sección vaetjanán)

ÍNDICE